KB210268

발레의
해부학

KARADA NO SHIKUMI WO SHIREBA, ODORI GA KAWARU!
KAIBOUGAKU BALLET LESSON
by Clara

ⓒ Shinshokan 2022
Korean translation copyright ⓒ 2025 by Bookpium
First published in Japan by SHINSHOKAN Co.,Ltd.
Korean translation rights arranged with SHINSHOKAN Co.,Ltd.
through Imprima Korea Agency.

이 책의 한국어판 저작권은 Imprima Korea Agency를 통해 SHINSHOKAN Co., Ltd.과의 독점계약으로 북피움에 있습니다. 저작권법에 의해 한국 내에서 보호를 받는 저작물이므로 무단전재와 무단복제를 금합니다.

발레의
해부학

머리부터 발끝까지,
아름다운 발레 동작을 위해 꼭 알아야 할
신체의 메커니즘과 연습법

클라라 엮음 · 사토 아이 오리지널 감수
위정훈 옮김
한지영 감수

북피움

발레 인플루언서들의 추천글

김유경 _ 유튜브 〈릴드당스〉

성인이 되어 취미로 발레를 하시는 분들을 많이 만나면서 오랫동안 이런 책을 기다렸습니다. 발레는 인간이 만드는 가장 아름다운 움직임인 동시에 몸을 정교하게 사용하는 움직임이기 때문에 그만큼 어려운 것이 사실이지요. 하지만, 사실 발레는 과학이라 신체의 구조에 대한 기본적인 공부도 반드시 필요합니다.

우리의 몸은 들여다볼수록 무한한 아름다움을 보여줍니다. 저자가 안내하는 해부학적인 시각으로 발레 동작을 하나하나 돌아본다면, 미처 깨닫지 못했던 근육의 움직임과 발레의 본질적인 동작을 만나는 값진 경험을 하실 수 있을 것입니다.

발레의 기초를 더 튼튼하게 해주어 여러분의 춤을 더 풍성하게 이끌어줄 이 책을 꼭 읽어보기 바랍니다.

도하련 _ 인스타그램 〈예핏발레〉

발레는 보기에는 정말 아름답지만, 극한의 아름다움을 추구하기 위해 인체의 특정 부위 가동 범위를 '비인간적'으로 보일 정도로 극대화시켜야 하는 운동이기도 하므로 부상의 위험도 큽니다. 그런 만큼 안전하고 아름다운 발레 동작을 하려면 내 몸을 이해하는 것이 대단히 중요한데, 『발레의 해부학』은 발레 동작에 핵심적인 근골격을 그림으로 쉽게 풀어주고 올바른 몸 사용법까지 명쾌하게 설명되어 있어 아주 유익합니다. 발레를 좀 더 잘하고 싶은 발레인들이라면 꼭 읽고 연습법을 실천해보기 바랍니다.

박진주 _ 유튜브 〈발레하는 펄리나〉

발레는 단순히 아름다운 동작을 만드는 것이 아닌, 자신의 몸과 끊임없이 대화하며 그 가능성을 탐구하는 예술의 과정입니다. 그것은 곧, 자신을 깊이 알아가는 과정이며, 이를 통해 움직임으로 자신의 철학을 표현하는 고귀한 여정이기도 하지요. 『발레의 해부학』은 이러한 여정을 돕는 훌륭한 길잡이입니다.
이 책은 발레를 전공하는 학생들은 물론, 발레 강사와 취미발레인들까지 아우를 수 있는 내용을 담고 있습니다. 특히 발레의 핵심 개념인 풀업, 턴 아웃, 발의 체중 분산 같은 주제를 시각적으로 명확하게 설명하여 누구나 이해할 수 있도록 구성된 점이 인상적입니다. 이는 발레의 기본기를 단순히 따라 하는 것을 넘어, 그 원리를 몸으로 체화하도록 돕는 소중한 지침서가 될 것입니다.

발레를 배우고, 가르치고, 사랑하는 모든 이들에게 이 책을 강력히 추천합니다. 자신의 몸을 이해하는 깊이가 더해질 때, 비로소 발레는 단순한 움직임을 넘어, 몸의 예술로 거듭날 것입니다.

이수빈 _ 유튜브 〈수빈쌤_홈발레〉

발레를 너무나 사랑하지만, 오늘도 원하는 만큼 아름다운 포지션을 못했다고 아쉬워하시는 발레인들께 권해주고 싶은 축복 같은 책입니다. 나의 근육과 뼈를 거울에 비춰보듯이 해부학적으로 접근하여 올바른 포지션을 위한 연습 방법을 세세하게 제시해주므로 아름다운 발레를 오래오래 하고 싶은 사람이라면 꼭 읽어보기 바랍니다. 발레 동작을 더 깊이 이해하고 싶은 분들께 큰 도움이 될 것입니다.

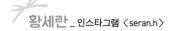 **황세란** _ 인스타그램 〈seran.h〉

발레 입문자들의 마음을 들여다본 걸까요? 발레를 배우는 사람들
이 무엇을 궁금해하는지 너무나 잘 알고, 발레 근육과 뼈와 관절의
구조와 원리를 콕콕 집어서 알려주는 멋진 책입니다. 부상으로 너
무나 사랑하던 발레를 그만둘 수밖에 없었던 저자가 자신의 경험
을 승화시켜 올바른 턴 아웃부터 그랑 바트망까지, 건강한 발레를
위해 반드시 알아야 하는 부분들을 정확하고 친절하게 설명하고
있습니다. 이 책을 곁에 두고 계속 펼쳐보면 발레 실력이 쑥쑥 늘
거예요!

※ 추천글은 가나다 순입니다.

차례

사진/ 마사카와 신지(P. 14-145) 일러스트/ 무사시노 루네(P. 12-13, 15, 148-163)
모델/ 바운드 프로모션: 시가 사아야(P. 14-103), 간노 리세(P. 104-145)

레슨 진행 방법

이 책에서는 바 워크 하나하나의 스텝(파pas)마다 핵심이 되는 근육과 뼈를 소개합니다. 먼저 소개된 근육과 뼈를 의식하면서, 스텝의 기본 동작을 연습해봅니다. 몸의 구조와 올바른 몸 사용법을 익혔다면, 스텝을 제대로 하기 위한 연습에 도전해봅니다. 소개되는 모든 운동은 보면서 따라 할 수 있는 동영상이 제공됩니다. P. 167의 QR코드를 스캔하면 바로 시범 동영상을 볼 수 있습니다. 모든 연습은 반드시 무리하지 않는 범위에서 해줍니다.

※ 이 책에서 해설하고 있는 동작은 예시입니다. 스텝의 명칭이나 팔과 다리의 사용법, 몸과 얼굴의 방향 등은 선생님에 따라 다를 수 있습니다.

사토 아이가 보내는 메시지

제가 발레를 처음 접한 것은 6살 때였습니다. 발레를 배우기 시작하자마자 발레의 매력에 푹 빠져서 발레리나를 꿈꾸며 매일매일 열심히 연습했습니다. 그리고, 단기 유학을 거쳐 18살에 꿈에 그리던 장기 발레 유학을 떠났지요.

하지만 1년도 채 지나지 않았을 때 발목을 다쳐 6개월 이상 발레를 하지 못하고 지냈습니다. 원인도 모르고 재활 방법도 모른 채 통증이 없어질 때까지 무작정 쉬는 수밖에 없었지요. 그런 상황 속에서 불안과 안타까움에 매일 울었던 기억이 납니다.

겨우 통증이 가라앉고 뒤처진 만큼을 따라잡기 위해 재활을 시작했지만 이번에는 정강이뼈가 피로골절 직전이라는 진단을 받고 또 다시 닥터 스톱을 받았습니다.

발레 인생의 시작은 순탄했지만, 결국 꿈을 포기할 수밖에 없었습니다.

제가 해부학을 배우기 시작한 것은 발레리나의 꿈을 어쩔 수 없이 포기하게 만든 이 부상의 원인이라도 알고 싶다는 강한 열망 때문이었습니다.

아무리 재능이 있어도, 제대로 배울 수 있는 장소와 선생님이 있어도, 멋진 기회가 눈앞에 다가와도 '발레를 할 수 있는 건강한 몸'이라는 토대가 없으면 무대에 설 수 없으며, 춤을 계속 추기 위해서는 무용수 본인이 올바른 몸 사용법을 알고 있을 필요가 있습니다.

해부학을 공부하기 시작한 후에야 당연하게 여겨져 보이지 않던 아주 중요한 것을 깨달았습니다.

이 책을 펼치고 있는 여러분도 발레의 아름다움에 푹 빠져서 발레를 더 잘하고 싶어 하시는 분들일 것입니다. 이 책을 통해 발레의 기초가 되는 바 워크의 의미를 제대로 배우고, 올바른 몸 사용법을 알고, 레슨에서 연습하고, 이 책이 춤출 수 있는 몸을 만드는 데 도움이 되었으면 좋겠습니다.

발레를 사랑하는 여러분에게 이 책이 도움이 되길 바랍니다.

감수자 사토 아이佐藤 愛

발레 해부학 강사. 6살 때부터 발레를 시작하여 캐나다 로열 위니펙 발레학교 여름학교를 거쳐 The Australian Conservatoire of Ballet(ACB)에서 Diploma of Dance를 취득하고 빅토리아대학에서 해부학과 물리 마사지를 공부했다. 모교인 ACB에서 10년 이상 무용 해부학 및 피트니스 강사로 활동했으며, 발레학교 전속 테라피스트로 학생들의 부상과 치료, 재활을 담당하고 있다. 발레 자세와 동작을 세세하고 정확하게 알려주는 여러 권의 책을 썼다.

발레에서 사용하는 근육과 뼈

발레의 스텝을 올바르게 수행하기 위해 핵심이 되는 근육과 뼈를 그림
으로 확인합니다!

앞

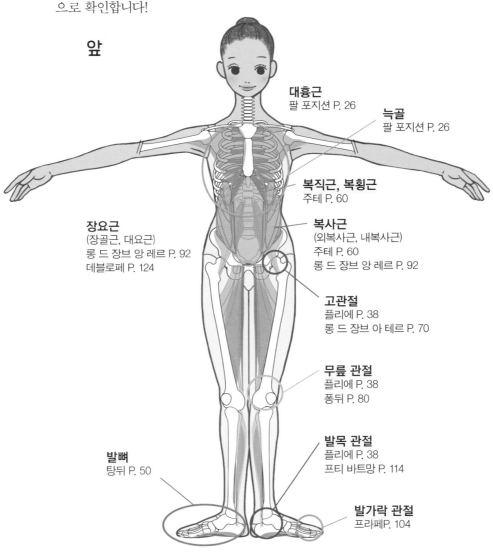

대흉근
팔 포지션 P. 26

늑골
팔 포지션 P. 26

복직근, 복횡근
주테 P. 60

장요근
(장골근, 대요근)
롱 드 장브 앙 레르 P. 92
데블로페 P. 124

복사근
(외복사근, 내복사근)
주테 P. 60
롱 드 장브 앙 레르 P. 92

고관절
플리에 P. 38
롱 드 장브 아 테르 P. 70

무릎 관절
플리에 P. 38
퐁뒤 P. 80

발뼈
탕뒤 P. 50

발목 관절
플리에 P. 38
프티 바트망 P. 114

발가락 관절
프라페 P. 104

발바닥의 고유근
탕뒤 P. 50   포인트 슈즈 P. 148

어떤 동작에 사용되는 근육인지, 레슨 시간에 많이 지적받는 부분이 몸의 어떤 부위인지 확인해보세요.

여러분이 가장 궁금한 스텝이나 근육, 뼈에 관한 설명이 있는 레슨 페이지부터 읽어도 좋습니다.

뒤

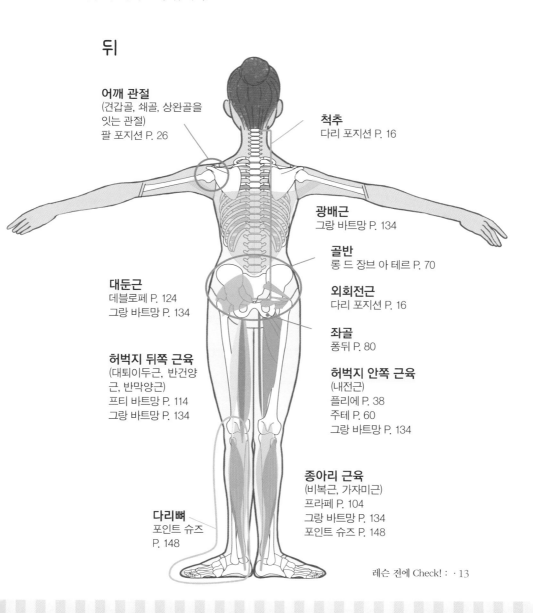

어깨 관절
(견갑골, 쇄골, 상완골을 잇는 관절)
팔 포지션 P. 26

척추
다리 포지션 P. 16

광배근
그랑 바트망 P. 134

골반
롱 드 장브 아 테르 P. 70

대둔근
데블로페 P. 124
그랑 바트망 P. 134

외회전근
다리 포지션 P. 16

좌골
퐁뒤 P. 80

허벅지 뒤쪽 근육
(대퇴이두근, 반건양근, 반막양근)
프티 바트망 P. 114
그랑 바트망 P. 134

허벅지 안쪽 근육
(내전근)
플리에 P. 38
주테 P. 60
그랑 바트망 P. 134

종아리 근육
(비복근, 가자미근)
프라페 P. 104
그랑 바트망 P. 134
포인트 슈즈 P. 148

다리뼈
포인트 슈즈
P. 148

발레의 서는 방법

서는 자세는 발레의 모든 동작의 기초입니다. 올바르게 서 있는 자세가
몸에 배어 있어야 불필요한 곳에 힘이 들어가거나 몸이 틀어지지 않고,

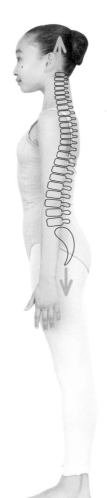

POINT 1 ## 척추의 만곡을
위아래로 살짝 늘린다

머리, 가슴, 허리를 각각 멀리 떨어뜨리는 느낌으로 상체를
끌어올립니다. 척추의 만곡은 점프나 회전 등의 충격을 흡수
하는 쿠션 역할을 하기 때문에 곧게 펴면 안 됩니다. 하지만
상체를 끌어올려서 척추를 살짝 늘리는 것은 매우 중요하지
요. 무게중심이 높아져 빠르고 경쾌하게 움직일 수 있게 됩니
다. 또한, 척추의 만곡 부분은 다치기 쉬우므로 늘려서 각도
를 줄임으로써 부상 예방에도 도움이 됩니다.

여기도 Check!

☑ 발뒤꿈치보다 약간 앞쪽에
체중이 실려 있다

☑ 발가락이 구부러지거나
바닥에서 들떠 있지 않다

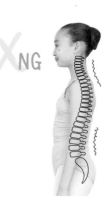

상체를 끌어올리지 않았고,
척추의 만곡이 늘어나 있지 않다

무리 없이 몸을 바르게 사용할 수 있습니다. 먼저 두 다리를 나란히 하고 서서 바르게 서 있는 발레 자세를 체크해봅니다.

POINT 2 발바닥 세 아치점에 균등하게 체중을 싣는다

엄지발가락과 새끼발가락의 중족골두, 발뒤꿈치의 세 군데에 고르게 체중을 싣고 섭니다. 이렇게 하면 발바닥의 3개의 아치(장심, 엄지발가락~새끼발가락, 새끼발가락~발뒤꿈치)를 유지한 채로 서 있을 수 있습니다. 이 가운데 하나라도 아치가 무너지면 다리에 무리한 힘이 들어가서 전신의 라인이 흐트러지며, 부상을 당할 가능성도 있습니다.

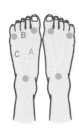

위에서 본 그림
A 안쪽 세로 아치
B 앞쪽 가로 아치
C 가쪽 세로 아치

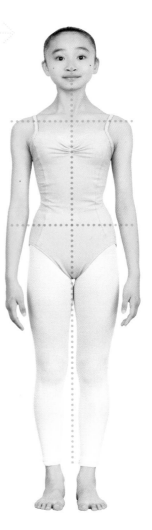

여기도 Check!

☑ 어깨와 골반이 바닥과 평행을 이루고 있다

☑ 코, 명치, 배꼽, 양쪽 허벅지 사이를 잇는 선이 일직선이다

☑ 무릎과 발끝이 같은 방향을 향하고 있다

다리 포지션

다리 포지션의 핵심은, 똑바로 서기 위한 **척추**와 **턴 아웃을 위한 6개 근육**. 이 두 가지를 의식하면서 다리 위치마다 올바른 신체 사용법을 체크해 봅니다.

1번 포지션

두 다리를 사타구니부터 턴 아웃을 하여, 무릎과 발끝이 바깥쪽을 향하게 하고, 발뒤꿈치끼리 붙이고 선다.

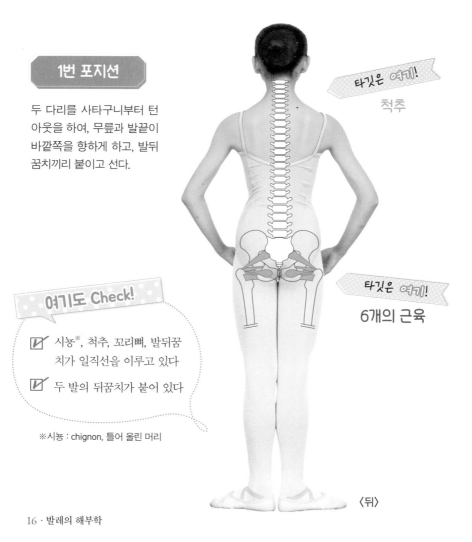

타깃은 여기!
척추

타깃은 여기!
6개의 근육

여기도 Check!

☑ 시뇽※, 척추, 꼬리뼈, 발뒤꿈치가 일직선을 이루고 있다

☑ 두 발의 뒤꿈치가 붙어 있다

※시뇽 : chignon, 틀어 올린 머리

〈뒤〉

똑바로 서기 위한 척추

뒤에서 보았을 때 척추가 일직선을 이루고 있지 않으면 똑바로 서 있을 수도 없고, 몸을 원활하게 움직일 수도 없습니다. 척추는 주로 목뼈 7개+가슴뼈 12개+허리뼈 5개로 이루어져 있습니다. 블록을 아래에서 위로 하나씩 쌓아올린다는 느낌으로 약 24개의 뼈를 똑바로 세워봅니다.

목뼈(경추)

가슴뼈(흉추)

허리뼈(요추)

선골

꼬리뼈(미골)

턴 아웃을 위한 6개 근육

턴 아웃을 할 때 사용해야 할 올바른 근육은 엉덩이 안쪽에 숨어 있는 6개의 작은 근육(외회전근)입니다. 엉덩이 표면에 있는 큰 근육(대둔근, 중둔근)을 사용할 필요는 없습니다. 엉덩이 전체에 힘을 주는 것이 아니라 6개의 작은 근육을 수축시켜 (이 근육들이 붙어 있는) 허벅지뼈의 대전자를 꼬리뼈쪽으로 돌리는 이미지로 턴 아웃을 합니다.

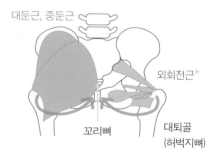

대둔근, 중둔근

외회전근*

꼬리뼈

대퇴골
(허벅지뼈)

※ 이상근, 내폐쇄근, 상쌍자근, 하쌍자근, 외폐쇄근, 대퇴방형근을 말한다

여기도 Check!

☑ 상체가 위로 끌어올려지고 척추의 만곡이 약간 늘어나 있다

☑ 무릎과 발끝이 같은 방향을 향하고 있다

☑ 발가락의 힘을 빼고 다섯 발가락이 모두 바닥에 닿아 있다

〈옆〉

2번 포지션

1번 포지션에서 두 다리를 어깨너비로 벌린다.

Check List!

☑ 척추가 곧게 유지되고 있다

☑ 두 다리 한가운데 골반, 척추, 머리가
있다

☑ 허벅지뼈의 대전자를 꼬리뼈쪽으로
돌리는 느낌으로, 엉덩이의 6개 근육
에 힘을 주며 턴 아웃

〈뒤〉

Check List!

☑ 상체가 위로 끌어올려지고, 척추의 만곡이 약간
늘어나 있다

☑ 무릎과 발끝이 같은 방향을 향하고 있다

☑ 발가락의 힘을 빼고 다섯 발가락이 모두 바닥에
닿아 있다

☑ 발바닥의 세 아치점을 바닥에 누르고 있다

〈옆〉

두 다리를 사타구니부터 턴 아웃을 하고, 한쪽 다리의 발뒤꿈치
를 다른 쪽 다리의 발가락에 겹친다.

Check List!

- ☑ 척추가 곧게 펴져 있다
- ☑ 엉덩이의 6개 근육에 힘을 주며 턴 아웃
- ☑ 두 다리의 사타구니부터 교차하고 있다
- ☑ 두 발목 사이에 틈이 보인다

〈뒤〉

Check List!

- ☑ 상체가 위로 끌어올려지고 척추의 만곡이 약
  간 늘려져 있다
- ☑ 두 다리의 허벅지와 무릎 사이에 틈이 없다
- ☑ 무릎과 발끝이 같은 방향을 향하고 있다

〈옆〉

4번 포지션

5번 포지션에서 앞쪽 발을 두 발짝 앞으로 내민다.

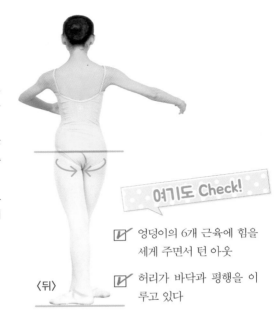

Attention

4번 포지션은 두 다리가 앞뒤로 나뉘어 있으므로 두 다리에 체중을 고르게 싣기 어려운 포지션입니다. 또한 뒤쪽 다리는 보이지 않기 때문에 턴 아웃이 풀리기 쉽습니다. 허벅지뼈의 대전자를 꼬리뼈에 더 가까이 붙이는 느낌으로 엉덩이의 6개 근육에 평소보다 더 힘을 줍니다.

〈뒤〉

여기도 Check!

☑ 엉덩이의 6개 근육에 힘을 세게 주면서 턴 아웃

☑ 허리가 바닥과 평행을 이루고 있다

〈옆〉

여기도 Check!

☑ 두 다리의 한가운데에 골반, 척추, 머리가 있다

☑ 무릎과 발끝이 같은 방향을 향하고 있다

☑ 발가락의 힘을 빼고 다섯 발가락이 모두 바닥에 닿아 있다

턴 아웃이 너무 어렵다면?

아직 완벽한 턴 아웃이 어렵다면, 다리를 교차하는 폭을 조금 작게 해봅니다. 발뒤꿈치 앞에 발가락이 오지 않아도 괜찮습니다. 무리하게 턴 아웃을 완벽하게 하려고 하면 무게중심이 앞뒤로 나뉘는 만큼 다른 포지션보다 무릎이나 발목이 틀어지기 쉽습니다. 무리하지 말고, 조금씩 완벽한 자세에 가까워지도록 연습합니다.

올바른 다리 포지션을 위한 연습

다리 포지션의 핵심인 **척추**와 **턴 아웃을 위한 6개 근육**을 올바르게 사용하는 연습을 해봅니다.

척추를 곧게 쌓아 올리는 연습

벽을 느끼면서 상체를 롤다운 & 롤업하면서 척추를 곧게 펴고 하나하나 쌓아 올리는 감각을 익혀보자.

※ 미끄러져서 다치지 않도록 맨발로 한다.

등의 곡선을 유지한다. 허리와 벽 사이에 틈이 있는 상태

무릎은 약간 풀어준다

목에 힘을 주지 않는다

척추가 위에서부터 하나하나 움직이는 것을 느끼면서

척추를 아래에서부터 하나하나 쌓아 올라간다

팔은 힘을 뺀 채로

1 벽에 등을 대고 다리를 허리 너비로 벌리고 서서 발을 두 발짝 앞으로 내민다.

2 척추 하나하나를 움직이는 느낌으로 머리끝부터 순서대로 천천히 아래로 롤다운해간다.

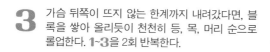

3 가슴 뒤쪽이 뜨지 않는 한계까지 내려갔다면, 블록을 쌓아 올리듯이 천천히 등, 목, 머리 순으로 롤업한다. **1~3**을 2회 반복한다.

턴 아웃을 위한
6개의 근육을 느끼는 연습

스트레치 밴드를 이용하여 좀 더 강도 높게 다리를 벌려서
턴 아웃을 위한 근육을 강화합니다.

1 다리를 나란히 허리 너비만큼 벌리고 서서 무릎 위에 스트레치 밴드를 걸고 묶는다. 두 무릎을 굽히고 두 손을 사타구니에 대고 상체를 약간 앞으로 숙인다.

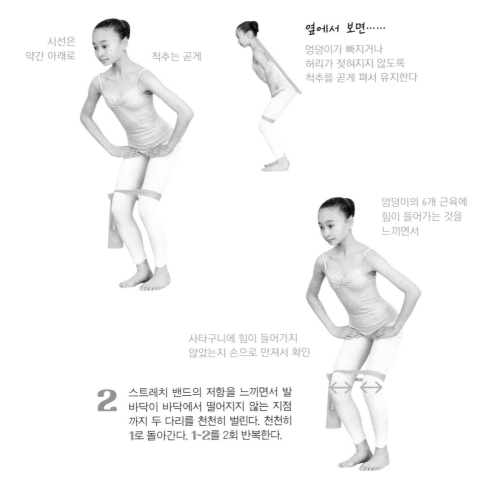

시선은
약간 아래로

척추는 곧게

옆에서 보면……

엉덩이가 빠지거나
허리가 젖혀지지 않도록
척추를 곧게 펴서 유지한다

엉덩이의 6개 근육에
힘이 들어가는 것을
느끼면서

사타구니에 힘이 들어가지
않았는지 손으로 만져서 확인

2 스트레치 밴드의 저항을 느끼면서 발
바닥이 바닥에서 떨어지지 않는 지점
까지 두 다리를 천천히 벌린다. 천천히
1로 돌아간다. **1~2**를 2회 반복한다.

턴 아웃을 하면서
척추를 곧게 펴는 연습

턴 아웃과 등을 곧게 펴는 동작을 동시에 할 수 있는 연습입니다. 척추를 움직여도 엉덩이의 6개 근육이 풀리지 않도록 주의합니다.

팔의
힘은 뺀다

척추의 만곡을 유지.
허리와 벽 사이에
틈이 있는 상태

엉덩이의 6개 근육에
힘을 세게 주면서
턴 아웃을 하고,
허벅지 안쪽을 붙인다

무릎과 발끝은
같은 방향

1 벽에 등을 대고 서서 발을 두 발짝 앞으로 내밀고
약간 턴 아웃한 자세로 선다.

목에 힘을 주지 않는다

2 천천히 척추를 하나하나
움직이는 것을 의식하면서
머리끝부터 차례차례
롤다운해나간다

사타구니에
힘을 주지 않는다

척추가 위에서부터
하나하나 움직이는 것을 느끼면서

허리가 구부정해지지 않도록,
척추의 만곡을 유지

발을 위에서 보면……

90도 정도로
약간만
턴 아웃해도 된다

3 가슴 뒤쪽이 뜨지 않는 한계까지 내려가면, 다시 천천
히 블록을 쌓아 올리듯이 척추 하나하나를 느끼며 롤
업해나간다. **1~3**을 2회 반복한다.

허리가 벽에서
떨어지거나
등이 젖혀지지
않도록

팔의 힘은
뺀 채로

턴 아웃이 풀려서
허벅지 안쪽이
떨어지지 않도록,
엉덩이 6개 근육에
힘을 계속 준다.

Q&A 발레와 몸에 대해 조금 더 알고 싶어요

레슨 시간에 몸의 구조를 잘 몰라서, 동작이 잘 되지 않아서 답답했던 것들이 있지요? 발레 해부학 전문가인 사토 아이 선생님이 여러분의 궁금증에 답해드립니다!

Q 완벽한 턴 아웃으로 발레를 하고 싶어요. 어떻게 해야 하나요?

A 턴 아웃은 다리를 사타구니부터 바깥쪽을 향하고 있는 '자세'가 아니라, **다리를 사타구니부터 바깥쪽으로 향하는 '동작'입니다.** 따라서 완벽한 형태를 목표로 할 필요는 없습니다. 발레의 스텝에는 턴 아웃을 하지 않는 스텝도 있기 때문에 항상 턴 아웃한 상태로 발레를 하기보다는 움직이면서 턴 아웃을 해야 할 스텝이 있을 때 턴 아웃을 하는 것이 중요합니다. 또한, 턴 아웃은 '동작'이므로 근육을 강화하면 누구나 할 수 있게 됩니다. 발레를 시작한 나이나 골격에 관계없이 훈련을 계속하면 누구나 좋아질 수 있는 것입니다.

Q 왜 일본인은 턴 아웃이 힘들까요?

A **일본인이기 때문에 턴 아웃을 제대로 못한다는 것은 잘못된 생각입니다.** 일본인과 외국인의 고관절에 골격적으로 큰 차이가 없습니다. 우리가 발레계에서 보는 해외의 많은 사람들은 어려운 발레학교 시험에 합격하고 힘든 훈련을 받은 사람들입니다. 반대로 말하면, 턴 아웃을 잘할 수 없는 사람은 이미 입학시험에서 떨어져서 우리가 본 적이 없는 거지요.

다만, 인종에 상관없이 고관절이 잘 열리는 사람과 잘 열리지 않는 사람이 있고, 보통 사람의 고관절은 45~60도 정도만 열립니다. 발레리나들은 오랜 훈련을 통해 고관절의 각도를 조금씩 넓혀가는 것입니다. 안된다고 포기하지 말고, 매일매일 꾸준한 훈련으로 조금씩 고관절을 열어가도록 노력합시다.

Q 척추가 좌우로 휘어져 있는 측만증이 있어서 아무리 노력해도 척추를 곧게 세울 수 없어요. 어떻게 하면 좋을까요?

A 예를 들어 O자 다리를 가진 사람이나 습관적으로 어깨가 올라가는 사람이 있다면, 그것을 내버려두지 않겠죠? 그것은 의식하는 방법이나 매일의 근력 운동 등을 통해 조금씩이라도 좋아질 수 있기 때문입니다. **척추측만증도 마찬가지이며, 근육의 힘을 키우고 측만증을 교정하려고 항상 의식하는 등의 방법으로 곧은 허리를 목표로 할 수 있습니다.** 유명한 무용수나 올림픽 금메달리스트 중에도 척추측만증이 있는 사람이 있습니다. 모두 노력해서 곧은 허리를 만들고 있는 것이죠. 척추측만증을 개선하려면 의식적으로 바른 자세를 유지하는 것이 중요합니다. 레슨 시간은 물론이고, 학교나 집에서의 일상생활에서도 척추를 중심으로 끌어당기는 의식, 좌우대칭을 이루는 것만 의식해도 몸은 달라질 것입니다. 당장 결과가 나오지 않을 수도 있지만, 하루하루 조급해하지 말고 꾸준히 노력해봅시다.

팔 포지션

팔 포지션에서 핵심이 되는 것은 어깨 관절과 가슴의 근육입니다. 이 두 가지를 의식하면서 포지션별로 올바른 신체 사용법을 체크해봅니다.

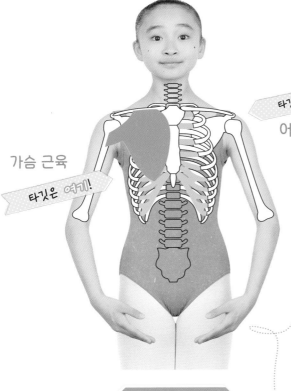

타깃은 여기!

어깨 관절

가슴 근육

타깃은 여기!

앙 바

두 팔을 아래로 내리고
커다란 달걀을 품듯이 원을 만든다.

여기도 Check!

☑ 팔꿈치가 완만한 곡선을 그리고, 옆구리에 공간이 있다

☑ 쇄골을 양 옆으로 당기고 가슴을 편 채로 유지한다

☑ 손과 손 사이는 눈의 폭만큼 벌린다

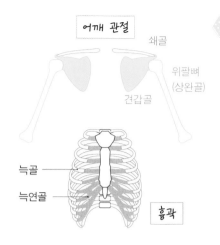

어깨 관절

쇄골

위팔뼈
(상완골)

견갑골

늑골

늑연골

흉곽

타깃 1 ★

팔 포지션을 만드는 어깨 관절

팔의 포지션을 만드는 것은 쇄골, 견갑골, 위팔뼈
(상완골)입니다. 이 뼈들의 연결 부위가 어깨 관절
입니다. 어깨 관절은 근육에 의해 흉곽에 연결되어
있기 때문에 팔을 움직일 때 늑골도 함께 움직이
기 쉽습니다. 그렇게 되면 배가 열리면서 팔꿈치가
떨어지거나 어깨가 올라가는 등 올바른 자세를 만
들 수 없지요. 흉곽을 새장에 비유하면 어깨 관절
은 새장에 걸린 고리와 같은 것입니다. 새장의 방
향이나 모양은 바꾸지 않고 고리만 움직인다는 생
각으로 팔 포지션을 만들어봅니다.

타깃 2 ★

올바른 포지션을 유지하는 가슴 근육

어깨 관절과 늑골을 연결하는 것은 커다란 가슴 근육
(대흉근)입니다. 이 근육이 굳어 있으면 가슴과 함께 늑
골도 움직이게 되어 배가 열리거나 어깨가 올라가서 올
바른 포지션을 유지할 수 없습니다. 또한 가슴 근육이
수축되어 있으면 등이 구부정해져서 견갑골이 평평해
지지 않아 올바른 포지션을 만들 수 없습니다. 가슴 근
육을 확실하게 스트레칭하여 쇄골을 양 옆으로 당기는
것을 의식하면서 가슴을 쫙 펴서 유지합니다.

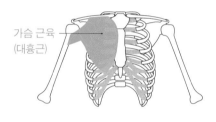

가슴 근육
(대흉근)

여기도 Check!

☑ 견갑골이 나와 있지 않고 등은
  평평한 상태

☑ 척추가 곧게 유지되고 있다

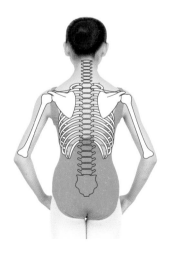

아 나방

앙 바로 만든 원을 명치 높이까지 들어 올리고,
두 손을 몸 쪽으로 약간 당긴다.

Check List!

☑ 팔꿈치가 완전히 옆을
향하고 있다

☑ 귀와 겨드랑이가 떨어
져 있고, 어깨가 올라
가 있지 않다

〈옆〉

Check List!

☑ 쇄골이 옆으로 당겨지고,
가슴이 쭉 펴져 있다

☑ 팔꿈치가 완만한 곡선을
그리고 있다

☑ 늑골은 움직이지 않고
팔만 들어 올리고 있다.

알 라 스공드

아 나방에서 팔꿈치를 둥글게 유지한 채로 옆으
로 펼친다.

Check List!

☑ 쇄골이 옆으로 당겨지고,
가슴을 편 채로 유지하고 있다

☑ 팔꿈치가 떨어지지 않았다

〈옆〉

Check List!

☑ 늑골이 열려 있지 않고,
팔꿈치를 몸 앞쪽에서 유지하고 있다

앙 오

아 나방에서 팔꿈치를 둥글게 유지한 채,
이마 위까지 비스듬하게 들어 올린다.

Check List!

☑ 쇄골이 옆으로 당겨지고,
가슴이 쭉 펴져 있다

☑ 팔꿈치가 완만한 곡선을
그리고 있다

☑ 늑골은 움직이지 않고
팔만 들어올려져 있다.

Check List!

☑ 견갑골이 등에 안정되어
어깨가 올라가지 않았다

NG

늑골이 함께 움직여서 어깨가 올라가고 견갑골
에 쓸데없는 힘이 들어갔다

〈뒤〉

올바른 팔 포지션을 위한 연습

팔 포지션의 핵심이 되는 **어깨 관절**과 **가슴의 근육**을 올바르게 사용하기 위한 연습을 해봅니다.

가슴 근육을 늘리는 연습

벽을 이용한 연습으로, 올바른 포지션을 유지하기 위한 가슴 근육을 늘려봅니다.

1 왼손바닥을 벽에 대고 오른손을 왼쪽 가슴에 댄다

왼쪽 팔꿈치는
똑바로 아래를
향한다

쇄골은 옆으로
계속 당기고 있다.
오른쪽 어깨가
앞으로 나오지 않도록

2 손바닥으로 벽을 살짝 누르면서 상체를 천천히 오른쪽으로 돌리고
왼쪽 가슴 근육을 늘린다. 3회 반복한다. 반대편도 똑같이 해준다.

※ 익숙해지면 벽에 대는 손의 위치를 높이거나 낮춰서 해보자.
   다양한 방향에서 스트레칭을 해보자.

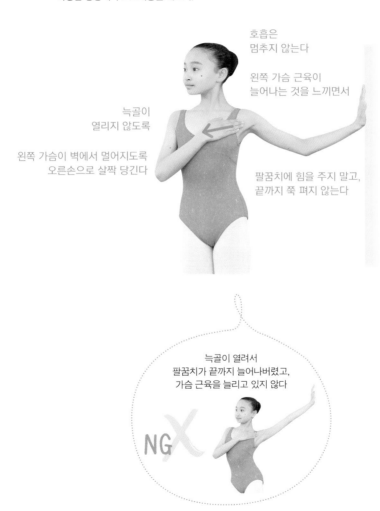

호흡은
멈추지 않는다

왼쪽 가슴 근육이
늘어나는 것을 느끼면서

늑골이
열리지 않도록

왼쪽 가슴이 벽에서 멀어지도록
오른손으로 살짝 당긴다

팔꿈치에 힘을 주지 말고,
끝까지 쭉 펴지 않는다

늑골이 열려서
팔꿈치가 끝까지 늘어나버렸고,
가슴 근육을 늘리고 있지 않다

NG X

늑골을 유지한 채로 가슴을 움직이는 연습

스트레치 밴드로 강도 높게 팔을 움직여서 늑골을 유지한 채로
팔을 움직이는 감각을 익혀봅니다.

1 바를 왼쪽에 두고 서서, 바에 스트레치
밴드를 감는다. 오른팔을 구부려서 밴드
끝을 엄지와 검지 사이에 끼워 잡는다.

쇄골을
양 옆으로
계속 당긴다

팔꿈치는
몸에 붙인다

2 밴드의 저항을 느끼면서 오른팔을 천천히 바깥쪽으로 움직였다가
천천히 **1**로 돌아온다. 이것을 3회 반복한다.

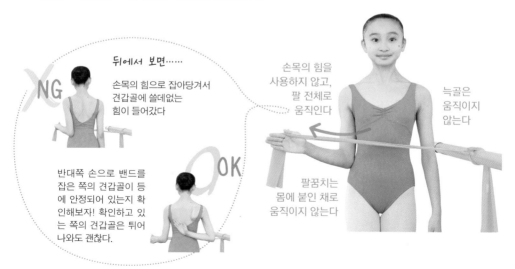

뒤에서 보면……

NG
손목의 힘으로 잡아당겨서
견갑골에 쓸데없는
힘이 들어갔다

반대쪽 손으로 밴드를
잡은 쪽의 견갑골이 등
에 안정되어 있는지 확
인해보자! 확인하고 있
는 쪽의 견갑골은 튀어
나와도 괜찮다.

OK

손목의 힘을
사용하지 않고,
팔 전체로
움직인다

늑골은
움직이지
않는다

팔꿈치는
몸에 붙인 채로
움직이지 않는다

3 바가 오른쪽에 오도록 놓고, 오른팔을 굽혀서
밴드의 끝을 엄지와 검지 사이에 끼워 잡는다.

쇄골을
양 옆으로
계속 당긴다

팔꿈치는
몸에 붙인다

4 밴드의 저항을 느끼면서 오른팔을 천천히 안
쪽으로 움직인다. 천천히 **3**으로 돌아온다.
이것을 3회 반복한다. **1~4**를 반대쪽 팔로도
해준다.

늑골은
움직이지
않는다

어깨가 앞으로
나오지 않도록

손목의 힘은
쓰지 않고,
팔 전체로
움직여

올바른 자세를 유지하는 연습

가슴을 쫙 편 채로 상체를 움직이는 연습으로,
올바른 자세를 유지하는 감각을 익혀봅니다.

1 엎드려서 두 팔의 팔꿈치를 직각으로 구부리고 두 손을 바닥에 둔다.

머리를 위로 계속 끌어올린다

위에서 보면……

OK

쇄골을 양 옆으로 계속 당기고 있으므로,
견갑골이 안정되어 가슴을 편 채로 지탱하고 있다

NG

쇄골을 양 옆으로 계속 당기고 있지 않아
견갑골에 힘이 들어가서 어깨가 올라갔다

2 천천히 상체를 들어올린다.

머리를 위로 계속 끌어당기고
목의 앞쪽은 힘을 뺀다

쇄골을 양 옆으로 계속 당기고,
가슴을 편 채로

늑골이 열려서
등이 젖혀지지 않도록

상체를 너무 들어 올려 등이 젖혀지는 바람에
늑골이 움직여서 배가 열려버렸다

3 명치가 바닥에서 떨어지지 않는 한계까지
올라가면 천천히 되돌아간다. **1~3**을 3번
반복한다.

쇄골을 양 옆으로 계속 당기고
가슴을 쫙 편 채로.
등은 젖히지 않는다

팔꿈치는 바닥에 붙인 채로

발끝은 아래로 계속 당긴다

Q&A 발레와 몸에 대해 조금 더 알고 싶어요

레슨 시간에 몸의 구조를 잘 몰라서, 동작이 잘 되지 않아서 답답했던 것들이 있지요? 발레 해부학 전문가인 사토 아이 선생님이 여러분의 궁금증에 답해드립니다!

Q 춤을 추다보면 목이 앞으로 빠져서 예쁘지 않아요.

A 목이 앞으로 빠지는 이유는 크게 두 가지로 볼 수 있습니다. 첫째는, 목의 문제가 아니라 **척추가 구부정해서 목이 앞으로 밀려나오는 경우**로, P. 14에서 알려드린 것처럼 척추를 약간 끌어올리고 머리를 위쪽으로 당기는 이미지를 잊지 않도록 합시다. 둘째는, 춤을 추고 있을 때 자신이 보고 있는 거울에서 눈을 떼지 못하고 **'앞'만 의식하여, 결과적으로 목이 앞으로 튀어나오는** 패턴입니다. 이 경우, 레슨에서 뒤에서도 보고 있다는 의식을 가지도록 노력해보세요. '아름다운 뒷모습을 보여주면서 발레를 하는 것'을 의식하기만 해도 몸은 달라집니다.

Q 포르 드 브라가 너무 뻣뻣해요.

A 포르 드 브라가 뻣뻣해지는 가장 큰 원인은 어깨 관절과 몸통을 연결하는 근육, 즉 몸통에 있는 근육이 약하기 때문입니다. **약한 몸통을 커버하기 위해 팔로 균형을 잡으려고 팔꿈치로 버티거나 손목이 구부러지는 등 움직임이 경직되는 것**입니다. '팔을 부드럽게 쓰는' 것을 의식하는 것은 물론, 겉보기에는 포르 드 브라와 관련 없어 보이는 '몸통과 견갑골 주변의 근육을 강화'하는 것도 중요합니다. 팔만으로 포르 드 브

라를 하려고 하지 말고, 나무둥치처럼 몸의 중심을 튼튼하게 잡아주면 팔을 부드럽게 사용할 수 있게 됩니다.

Q 등이 구부정해서 고민입니다. 어떻게 하면 고칠 수 있을까요?

A 근육은 몸의 뒤쪽보다 앞쪽 근육의 힘이 더 강한 것이 특징입니다. 이 것은 옛날에 인간이 네 발로 생활했기 때문이라는 주장도 있지만, 아마도 현대에 와서 가장 큰 원인으로 꼽히는 것은 일상적으로 허리를 앞으로 숙이고 있는 시간이 많기 때문일 것입니다. 공부를 하거나, 독서를 하거나, 스마트폰을 보는 동안에 **앞쪽의 근육이 수축되어 구부정한 자세가 되고, 반대로 등쪽 근육이 늘어나면서 점점 약해져가는 것입니다.** 이것을 개선하기 위해서는 가슴 근육 같은 앞쪽 근육을 스트레칭하고, 가슴을 옆으로 쫙 펴는 감각을 길러야 합니다. 여기서 소개하는 연습은 일자목에도 효과가 있으니, 꼭 실천해보시기 바랍니다.

목은 구부리면 안 돼요.
등에 무리한 힘이 들어가게 됩니다!

Lesson 3

플리에

플리에에서 핵심이 되는 것은 허벅지 안쪽 근육과 다리 관절.

이 두 가지에 초점을 맞춰서 플리에의 올바른 몸 사용법을 체크해봅니다.

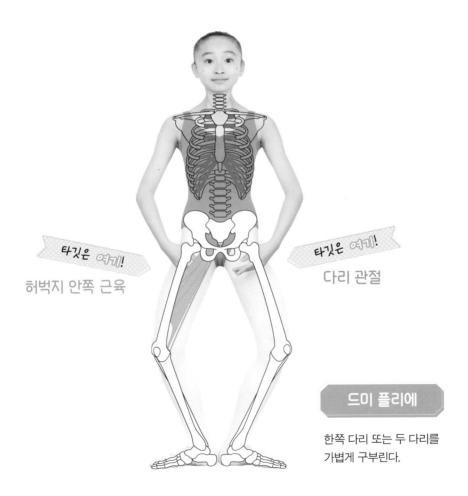

타깃은 *여기!*

허벅지 안쪽 근육

타깃은 *여기!*

다리 관절

드미 플리에

한쪽 다리 또는 두 다리를
가볍게 구부린다.

플리에로 허벅지 안쪽 근육을 키운다

'플리에=하강'이라고 생각하기 쉽지만, 정확하게 말하면 '플리에=하강&상승'입니다. 몸을 원래 높이까지 끌어올리는 것까지가 플리에입니다. '내려간다'라고만 생각하고 플리에를 하면, 다리를 늘릴 때 사용하는 허벅지 안쪽 근육(내전근)이 키워지지 않고, 다리를 굽힐 때 사용하는 바깥쪽 근육만 커집니다. 올라온다는 것을 확실하게 의식하고, 허벅지 안쪽의 사타구니부터 아래쪽을 향해 지퍼를 채워가는 이미지로, 좌우 허벅지 안쪽를 끌어당겨줍니다.

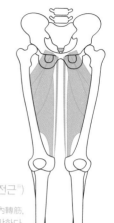

허벅지 안쪽 근육(내전근※)

※ 치골근恥骨筋, 단내전근短內轉筋, 대내전근大內轉筋,
장내전근長內轉筋, 박근薄筋을 말한다.

플리에의 모양을 만드는 다리 관절

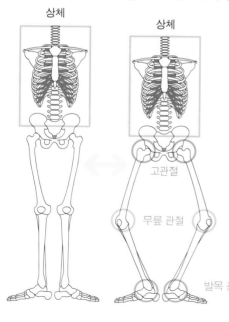

상체

상체

고관절

무릎 관절

발목 관절

플리에를 할 때, 무게중심이 내려가는 동시에 등의 힘이 빠지면서 척추가 구부정해지거나 배나 엉덩이가 튀어나오지 않나요? 플리에로 움직이는 것은 다리의 3가지 관절(고관절, 무릎 관절, 발목 관절)뿐입니다. 상체의 모양은 변하지 않습니다. 상체와 하체를 분리해서 사용한다는 이미지로, 끌어올린 척추와 쫙 편 가슴을 유지한 채로, 다리의 3가지 관절만 구부려서 플리에를 합니다.

1번 포지션으로 플리에

핵심이 되는 **허벅지 안쪽 근육**과 **다리 관절**을 의식하면서 두 발로 플리에를 해보자.
내려갈 때와 올라갈 때 일정한 속도를 유지하도록 주의한다.

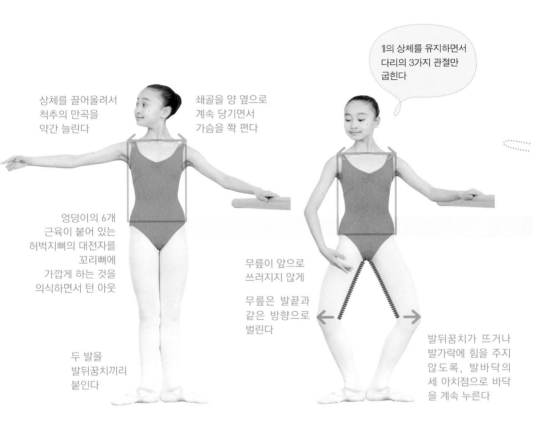

1의 상체를 유지하면서
다리의 3가지 관절만
굽힌다

상체를 끌어올려서
척추의 만곡을
약간 늘린다

쇄골을 양 옆으로
계속 당기면서
가슴을 쫙 편다

엉덩이의 6개
근육이 붙어 있는
허벅지뼈의 대전자를
꼬리뼈에
가깝게 하는 것을
의식하면서 턴 아웃

무릎이 앞으로
쓰러지지 않게

무릎은 발끝과
같은 방향으로
벌린다

두 발을
발뒤꿈치끼리
붙인다

발뒤꿈치가 뜨거나
발가락에 힘을 주지
않도록, 발바닥의
세 아치점으로 바닥
을 계속 누른다

1 한 손 바의 1번 포지션으로 서고
팔을 알 라 스공드로.

2 팔을 앙 바로 내리면서 발뒤꿈치가
바닥에서 뜨지 않는 한계까지 다리
를 굽힌다.

옆에서 보면……

무게중심이
내려가도
척추는 늘린 채로

엉덩이와 배가
나오지 않도록

X NG

1의 상체를
유지하지 못해
척추가 구부정해지고
엉덩이가 빠져 있다

1의 상체를
유지한 채로

시선은 손 방향

엉덩이의 6개
근육을 사용하여
계속 턴 아웃을 한다

허벅지 안쪽의 사타구니
부터 지퍼를 채우는 느낌
으로 좌우의 허벅지 안쪽
을 끌어당기고 무릎을 쭉
뻗는다

3 팔을 아 나방으로 올리면서
두 무릎을 늘린다.

Plus One Check!

올바른 한쪽 다리 플리에

한쪽 다리로 하는 플리에는 모든 테크닉과 동작에 반드시 들어가는 움직임입니다.
두 다리 플리에로 올바른 플리에의 감각을 익혔다면, 이제 한쪽 다리로도 같은 깊
이, 같은 속도, 같은 퀄리티가 가능한지 체크해봅니다.

1 양손 바 1번 포지션으로 서서 한쪽 다리를 앞 쿠드피에로 한다.

상체를 끌어올려서
척추의 만곡을
약간 늘린다

쇄골을 양 옆으로
계속 당기면서
가슴을 쭉 편다

엉덩이의 6개
근육을 사용하여
턴 아웃

2 발뒤꿈치가 뜨지 않는 한계 지점까지 서 있는 다리를 굽힌다.

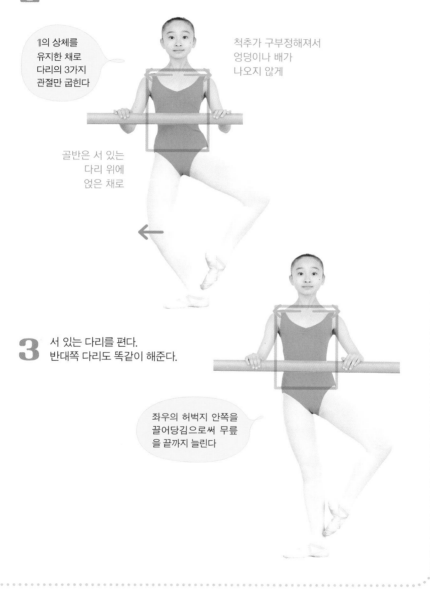

1의 상체를
유지한 채로
다리의 3가지
관절만 굽힌다

척추가 구부정해져서
엉덩이나 배가
나오지 않게

골반은 서 있는
다리 위에
얹은 채로

3 서 있는 다리를 편다.
반대쪽 다리도 똑같이 해준다.

좌우의 허벅지 안쪽을
끌어당김으로써 무릎
을 끝까지 늘린다

올바른 플리에를 위한 연습

플리에의 핵심이 되는 **허벅지 안쪽 근육**과 **다리 관절**을 올바르게 사용하기 위한 연습을 해
봅니다.

상체를 유지한 채 하체를 움직이기 위한 연습

벽을 이용한 연습으로, 상체를 유지한 채 다리의 관절만을 움직여서 플리에를
하는 감각을 익혀봅니다.

※ 미끄러져서 다치지 않도록 맨발로 한다.

1 벽에 등을 대고 다리를 허리 너비로 벌리고 서서 발을 두 발짝 앞으로
내민다. 두 팔은 가슴 앞에서 모은다.

상체를 끌어올려서
척추의 만곡을
약간 늘린다

허리와 벽 사이에
틈이 있는 상태

2 다리의 3가지 관절을 구부려 골반을 내린다. 내려갈 수 있는 데까지 다 내려가면
3초 동안 그 상태를 유지한다. 천천히 다리를 펴면서 되돌아간다.
이것을 2회 반복한다.

등에 쓸데없는 힘
이 들어가서 척추
의 만곡이 없어져
버렸다

늑골이 열려서
등이 젖혀져버렸다

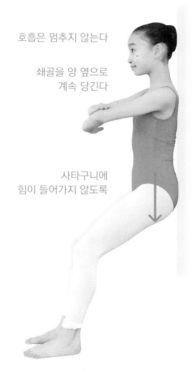

호흡은 멈추지 않는다

쇄골을 양 옆으로
계속 당긴다

1의 척추 만곡을 유지한
채, 다리의 3가지 관절
을 굽힌다.
상체는 그대로 위아래
로 미끄러뜨린다.

사타구니에
힘이 들어가지 않도록

허벅지 안쪽을 사용하여 플리에를 하는 연습

연습용 공을 끼우고 플리에를 함으로써 허벅지 안쪽을 사용하여
다리를 펴는 감각을 익히는 동시에, 허벅지 안쪽 근육을 강화합니다.

※ 공은 타월이나 쿠션 등으로 대치할 수 있다.

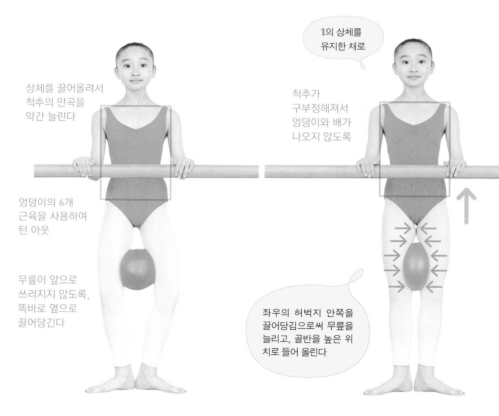

1의 상체를
유지한 채로

상체를 끌어올려서
척추의 만곡을
약간 늘린다

척추가
구부정해져서
엉덩이와 배가
나오지 않도록

엉덩이의 6개
근육을 사용하여
턴 아웃

무릎이 앞으로
쓰러지지 않도록,
똑바로 옆으로
끌어당긴다

좌우의 허벅지 안쪽을
끌어당김으로써 무릎을
늘리고, 골반을 높은 위
치로 들어 올린다

1 양손 바의 1번 포지션으로 서서,
두 다리 사이에 연습용 공을 끼운다.
공이 떨어지지 않는 곳까지
다리를 굽힌다.

2 공의 저항을 느끼면서, 허벅지 안쪽을 천천히
끌어당긴다. 더 이상 무릎을 늘릴 수 없는 한
계까지 위로 올라간 지점에서 3초 동안 유지하
고 천천히 돌아온다. 이것을 3회 반복한다.

잘못된 플리에를 했을 때 나타나는 발목의 '힘줄'

플리에를 했을 때 발목 앞쪽 근육의 힘줄이 톡 튀어나오지 않나요? 사실 그것은 플렉스를 하기 위한 근육으로, 플리에를 할 때는 사용할 필요가 없습니다. 발바닥의 세 아치점으로 균등하게 바닥을 누르지 않으면 발목이 흔들려서 정강이 근육으로 균형을 잡으려고 하기 때문에 발목 앞쪽의 힘줄이 튀어나오는 것입니다. 사용할 필요가 없는 곳에 쓸데없는 힘이 들어가면 움직임이 뻣뻣해져서 부드러운 플리에를 할 수 없습니다. 발바닥으로 바닥을 꽉 누르는 감각을 익혀봅니다.

1 오른쪽 다리를 세우고 왼쪽 다리의 무릎을 바닥에 댄다.
오른손으로 오른쪽 발목을 잡는다.

2 천천히 오른쪽 다리에 체중을 실으면서
상체를 앞으로 민다.

← 오른손으로 '힘줄'이
나오지 않았는지 확인

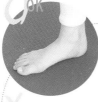

OK

위에서 보면……

발바닥의 세 아치점에서 바닥을 누르고 있으므로 정강이에 힘이 들어가지 않아 '힘줄'이 나오지 않았다

NG

정강이 근육으로 균형을 잡으려고 하고 있으므로 쓸데없는 힘이 들어가서 '힘줄'이 나왔다

Q&A 발레와 몸에 대해 조금 더 알고 싶어요

레슨 시간에 몸의 구조를 잘 몰라서, 동작이 잘 되지 않아서 답답했던 것들이 있지요? 발레 해부학 전문가인 사토 아이 선생님이 여러분의 궁금증에 답해드립니다!

Q 바 워크 시간에 맨처음에 플리에를 할 때만 고관절에서 뚝뚝 소리가 나요.

A **관절에서 소리가 나는 이유는 많이 있지만, 바 워크 처음에만 소리가 나는 경우는 워밍업이 부족하기 때문일 수 있습니다.** 관절 주위에는 윤활액이라는 기름 같은 것이 존재하고 있어서 관절을 움직이면 그것이 늘어나서 움직임을 원활하게 해줍니다. 이 윤활액이 충분히 분비되지 않으면(워밍업이 되어 있지 않으면) 관절이 부드럽게 움직이지 않고 뚝뚝 소리가 나게 됩니다. 레슨 전에는 스트레칭뿐만 아니라 그 장소에서 줄넘기를 하거나 밧줄을 타고 오르는 이미지로 가볍게 점프 등을 하여 약간 숨이 찰 정도의 워밍업을 해봅니다. 안전하게 발레를 하기 위해서도, 다음 날의 피로를 줄이기 위해서도 충분한 워밍업은 필수입니다.

....

Q 안짱다리가 고민입니다. 효과적인 연습 방법을 알려주세요.

A 안짱다리라는 것은 누가 체크해주었는지요? 스스로 안짱다리라고 생각하는 사람이 실제로는 고관절의 가동범위 등을 살펴보면 턴 아웃이 잘 되는 고관절의 소유자인 경우도 있습니다. 그리고 **평소에 다리를 곧게 펴는 의식을 갖는 것은 어떤 운동보다 효과적입니다.** 수업 시간에 두

다리를 나란히 하고 앉거나 버스를 기다릴 때 무릎과 두 번째 발가락이 앞을 향하도록 서는 것을 의식하는 것만으로도 안짱다리 교정에 도움이 됩니다. '똑바로'가 키워드입니다.

※ 단, 일상생활에서 '턴 아웃한 상태로' 지내는 것은 NG! 엄지발가락의 중족골두로 땅을 걷어차는 셈이 되어 관절에 무리가 가서 다치거나 발바닥 아치가 무너져서 부상이나 무지외반증의 원인이 되기도 합니다.

Q 플리에를 깊게 할 수 없는 것은 발목이 뻣뻣하기 때문인가요?

A 먼저 '플리에를 깊게 할 수 없는지', '깊은 플리에를 사용하고 있지 않은지'를 확인해봅니다. 양손 바 1번 포지션에서 자신이 할 수 있는 가장 깊은 플리에를 해보세요. 깊게 하기 너무 힘들다면 **발목 관절의 가동 범위가 좁아서(발목이 뻣뻣해서) 깊은 플리에를 할 수 없는 것**이므로 스트레칭이 필요합니다. 무리 없이 깊은 플리에를 할 수 있다면 **가동 범위의 문제가 아니라 다리와 허리의 근력 부족으로 인해 깊은 플리에를 '사용하고 있지 않은'** 것입니다. 깊게 플리에를 할 수 있는 근력이 없기 때문에 알레그로에서 발뒤꿈치가 들리거나 한 발 플리에가 얕아지게 되는 것입니다. 적극적으로 계단을 이용하는 등 일상생활에서 몸을 들어 올리는 동작을 하도록 합시다. 다리와 허리의 근육을 강화하면 자신이 가진 깊은 플리에를 '사용할 수' 있게 됩니다.

척추는
똑바로 세우고!
하체에 끌려가지
않도록

탕뒤

탕뒤에서 핵심이 되는 것은 발뼈와 발바닥의 고유근입니다. 이 두 가지에
초점을 맞춰서 탕뒤의 올바른 몸 사용법을 체크해봅니다.

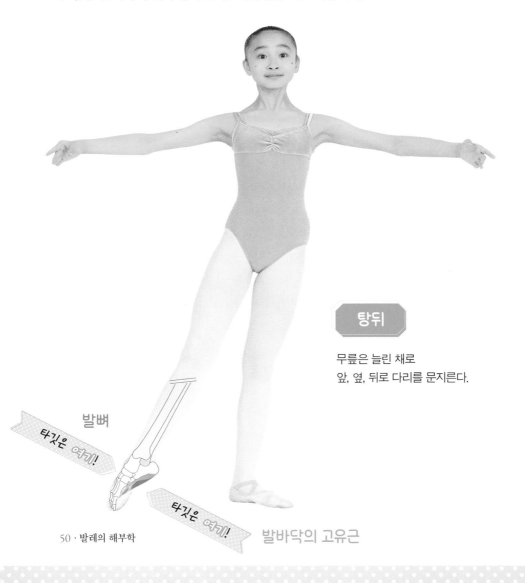

탕뒤

무릎은 늘린 채로
앞, 옆, 뒤로 다리를 문지른다.

발뼈

타깃은 여기!

타깃은 여기!

발바닥의 고유근

발끝의 형태를 만드는 발뼈

발에는 **7개의 네모난 뼈**와 **5개의 길쪽한 뼈**, **14개의 발가락뼈**가 있으며, 우리는 그 많은 뼈를 근육으로 움직여 발끝을 펴거나 바닥을 차거나 합니다. 이 뼈들이 굳어지면 발목과 발바닥도 굳어서 발끝을 자유자재로 움직일 수 없게 됩니다. 발레를 하기 전에 발을 충분히 풀어주고, 이들 뼈와 뼈를 떼어놓는다는 이미지로 발끝을 길게 늘려서 탕뒤를 해봅니다.

위에서 본 그림

지골趾骨
14개의 발가락뼈

중족골中足骨
5개의 길고 가는 뼈

족근골足根骨
7개의 네모난 뼈

옆에서 본 그림

탕뒤로 키우는 발바닥의 고유근

탕뒤를 할 때, 발등을 높이려고 발가락을 둥글게 말아 발끝을 늘리고 있지는 않나요? 정확하게는 발가락으로 바닥을 누름으로써 발끝을 펴는 것입니다. 그렇게 하면 **발바닥 근육**을 강화할 수 있으며, 빠른 점프나 포인 워크의 향상으로 이어집니다. 또한, **발바닥의 근육**은 발의 아치를 지탱하고 균형을 잡기 위한 근육이기도 하기 때문에, **발바닥**을 사용하지 못하면 흔들리거나 바깥쪽 근육에 무리한 힘이 들어가거나 평발※이 되거나 부상의 원인이 되기도 합니다. 발가락을 멀리 뻗으면서 바닥을 계속 누른다는 생각으로 탕뒤를 해봅니다.

발바닥의 고유근

※ 발바닥에 있는 근육으로,
내재근이라고도 불리는 근육

※ 평발이란, 아치에 해당하는 부분의 세로와 가로의 아치가 없어지는 것을 말한다.

3번 포지션으로 탕뒤

핵심이 되는 **발뼈**와 **발바닥의 고유근**을 의식하면서 탕뒤를 해봅니다.
3번 포지션으로 탕뒤를 함으로써 무리 없는 턴 아웃으로 발끝을 보다 잘 의식하면서
탕뒤를 할 수 있습니다. 발끝이 바닥에서 떨어지지 않도록 주의합니다.

1 한 손 바에서 오른발 앞 3번 포지션으로 서고,
오른팔을 알 라 스공드로.

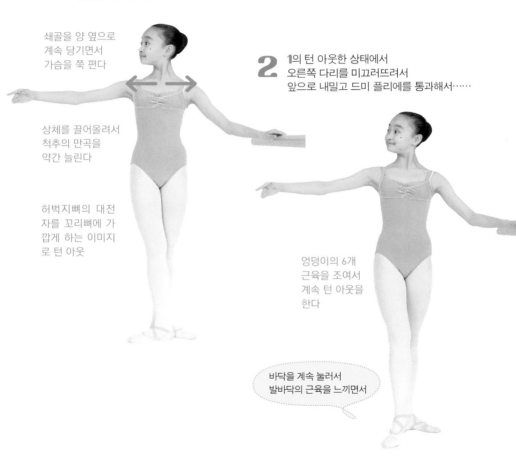

쇄골을 양 옆으로
계속 당기면서
가슴을 쭉 편다

상체를 끌어올려서
척추의 만곡을
약간 늘린다

허벅지뼈의 대전
자를 꼬리뼈에 가
깝게 하는 이미지
로 턴 아웃

2 **1**의 턴 아웃한 상태에서
오른쪽 다리를 미끄러뜨려서
앞으로 내밀고 드미 플리에를 통과해서……

엉덩이의 6개
근육을 조여서
계속 턴 아웃을
한다

바닥을 계속 눌러서
발바닥의 근육을 느끼면서

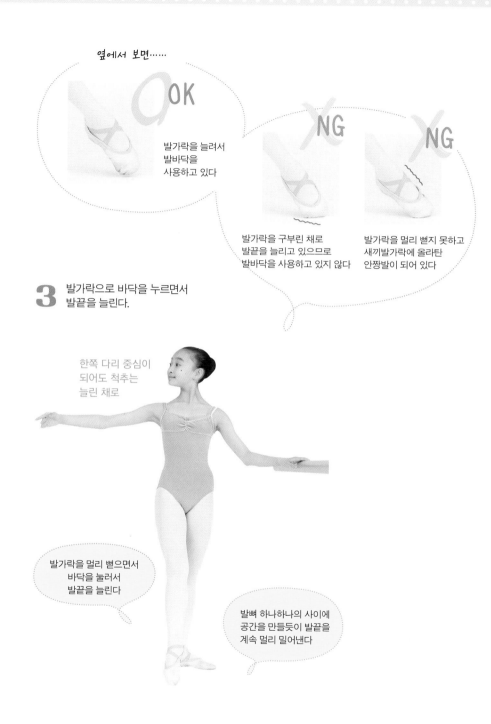

옆에서 보면……

OK

발가락을 늘려서
발바닥을
사용하고 있다

NG

NG

발가락을 구부린 채로
발끝을 늘리고 있으므로
발바닥을 사용하고 있지 않다

발가락을 멀리 뻗지 못하고
새끼발가락에 올라탄
안짱발이 되어 있다

3 발가락으로 바닥을 누르면서
발끝을 늘린다.

한쪽 다리 중심이
되어도 척추는
늘린 채로

발가락을 멀리 뻗으면서
바닥을 눌러서
발끝을 늘린다

발뼈 하나하나의 사이에
공간을 만들듯이 발끝을
계속 멀리 밀어낸다

올바른 탕뒤를 위한 연습

탕뒤의 핵심이 되는 **발뼈**와 **발바닥의 고유근**을 바르게 사용하기 위한 연습을 해봅니다.

발을 부드럽게 풀어주는 연습

발뼈나 발바닥 근육이 굳어 있으면 발가락이나 발목도 굳게 되며, 발끝을 바르게
사용할 수 없습니다. 마사지로 풀어줌으로써 올바르게 탕뒤를 할 수 있습니다.
연습 효과도 훨씬 잘 느낄 수 있게 됩니다.

1 다리를 구부려서 바닥에 앉아
오른발을 두 손으로 잡는다.

2 수건을 짜듯이 두 손으로 발을 비틀어준다.
반대쪽 발도 똑같이 해준다.

발바닥을 수축시켜 발끝을 늘리는 연습

의자에 앉아서 평행한 상태로 탕뒤를 하여, 바닥을 눌러서
발바닥을 수축시킴으로써 발끝을 늘리는 감각을 익혀봅니다.

1 의자에 앉아 두 발을 나란히
둔다. 두 손은 의자에 둔다.

2 발바닥으로 바닥을 누르면서 오른발을
앞으로 내밀고, 드미 포인을 통과한다.

상체를
끌어올려서
척추의 만곡을
약간 늘린다.
곧은 자세를 유지

호흡은
멈추지 않는다

목에 힘이
들어가지 않도록

바닥을
계속
누르면서

3 발가락으로 바닥을 눌러 발끝을 늘리고, 천천히 **2**를 통과하여
1로 돌아온다. **1~3**을 3회 반복한다. 반대쪽도 똑같이 해준다.

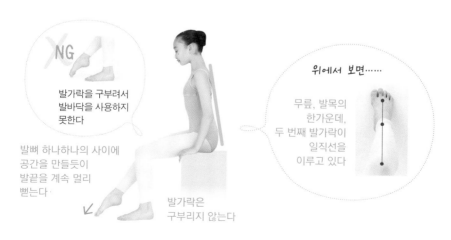

NG

발가락을 구부려서
발바닥을 사용하지
못한다

발뼈 하나하나의 사이에
공간을 만들듯이
발끝을 계속 멀리
뻗는다

발가락은
구부리지 않는다

위에서 보면……

무릎, 발목의
한가운데,
두 번째 발가락이
일직선을
이루고 있다

발바닥의 고유근을 강화하는 연습

한쪽 다리를 축으로 한 상태에서 상체를 숙여서, 축이 되는 다리 뒤쪽에서 발바닥의
근육까지 강화합니다. 서 있는 다리를 강하게 만들어서 탕뒤한 다리를 더 자유롭게
움직일 수 있습니다.

1 두 다리를 나란히 하고 서서
의자 등받이에 두 손을 놓는다.
왼쪽 다리를 뒤로 뺀다.

상체를 끌어올려서
척추의 만곡을
약간 늘린다

왼쪽 다리는
드미 포인으로
발가락으로
가볍게 지면을
터치하는 이미지로

체중은
오른쪽 다리에
싣는다

2 천천히 상체를 앞으로 숙인다.

척추는
곧추세운 상태로 숙인다

척추가
구부정해져서
엉덩이와 배가
나오지 않도록

왼쪽
다리에는
힘을 주지
않는다

서 있는 다리가 뒤로
끌려가지 않도록
바닥과 수직을 유지한다

※ 발목의 힘줄에 대해서는 p. 47을 체크!

3 균형을 잡았다면 왼손을 허리에 대고 3초 유지. 왼손을 의자로 되돌리고 천천히
1로 돌아온다. **1-3**을 3회 반복하고 반대쪽 다리도 똑같이 해준다.

팔을 움직여도
양쪽 어깨는
같은 높이를 유지한다

왼쪽 다리로
버티지 않는다

균형을 잡기 위해
서 있는 다리의
발바닥에 힘이
들어가 있는 느낌으로.
발목의 '힘줄'이
나오지 않도록

NG

왼쪽 다리로 버팀으로써
발뒤꿈치 중심이 되어버려
발바닥을 사용하고
있지 않다

Q&A 발레와 몸에 대해 조금 더 알고 싶어요

레슨 시간에 몸의 구조를 잘 몰라서, 동작이 잘 되지 않아서 답답했던 것들이 있지요? 발레 해부학 전문가인 사토 아이 선생님이 여러분의 궁금증에 답해드립니다!

Q 발등이 높지 않아서 발끝을 아름답게 늘리지 못해요.

A 발레에서 발끝을 늘린다는 것은, 발끝에 있는 많은 관절을 발바닥 근육을 사용하여 강하게 뻗는 것을 말합니다. 따라서 **발의 관절을 자유롭게 움직일 수 있는지에 초점을 맞추고, 이를 위해 근육을 강화하는 데 중점을 두면 발의 곡선(발등 및 발의 아치)을 강화할 수 있습니다. 또한, 레슨 중에 발끝을 의식하는 습관을 갖는 것도 중요합니다.** 무게중심이 흔들리거나 앙셴망enchaînement 순서를 생각하거나, 동작을 하느라 숨이 차면 발끝을 펼 생각을 할 여유가 없겠죠? 레슨 중에는 항상 골반을 바닥과 평행하게 유지하여 무게중심을 안정시키고, 발등과 발가락을 의식할 수 있도록 합니다.

Q 발레를 할 때 무지외반증 때문에 발에 통증이 있습니다. 어떻게 해야 할까요?

A 무지외반증의 원인은 여러 가지가 있지만, 무용수들에게 가장 많은 것은 사실 무리한 턴 아웃입니다. 고관절은 턴 인 상태로 발목만 비틀어 턴 아웃을 하고 있는 상태죠. 무리하게 턴 아웃 자세를 만들면 **아치의 아치가 무너져서 엄지발가락이 두 번째 발가락 쪽으로 휘어지게 됩니다.** 또한, 그 상태에서 점프나 를르베를 하면 **엄지발가락의 제1중족 지관절**

에 부담이 더해집니다. 이것이 통증의 원인입니다. 레슨에서는 고관절부터 턴 아웃을 하여 무리하지 않는 자세를 취하는 것이 중요합니다. 올바른 자세를 취하면 통증이 가라앉고 더 이상 악화되지 않을 것입니다. 조금씩 노력해보세요.

Q 레슨 중에 발바닥에 금방 쥐가 나요. 왜 그럴까요?

A 근육에 쥐가 나는 원인은 크게 세 가지를 들 수 있습니다. 첫째는 근력 약화입니다. 발바닥에 쥐가 난다는 것은 발바닥 근육이 약하다는 뜻이므로 발바닥 근육이 약한 것이 원인일 것 같습니다. **발바닥에 근육이 충분하지 않으면 움직임의 부담을 견디지 못해 다리에 쥐가 나는 것입니다.** 둘째는 수분 부족이나 영양 부족입니다. **미네랄이나 비타민 등이 부족하면 근육이 쉽게 흥분하거나 피로가 쌓여 다리가 쉽게 뻣뻣해집니다.** 셋째는 워밍업 부족입니다. 특히 바 워크 초반에 다리에 쥐가 난다면 이것이 원인일 가능성이 높습니다. **워밍업이 제대로 되지 않아 몸이 차가워지면 근육이 경직되어 쥐가 나기 쉽습니다.** 평소에 균형 잡힌 식사를 하고, 레슨이 있는 날에는 특히 물을 많이 마시는 것이 좋습니다.

※ 쥐가 난다는 것은, 근육이 통증을 동반하여 경련을 일으키거나 수축하는 상태를 말한다.

서 있는 다리에 확실하게
체중을 실어서.
등이 젖혀지지 않도록

주테

주테에서 핵심이 되는 것은 배의 근육과 허벅지 안쪽 근육.

이 두 가지에 초점을 맞춰서 주테의 올바른 몸 사용법을 체크해봅니다.

주테

탕뒤에서 더욱 멀리 다리를 내밀고,
발끝이 바닥에서 떨어지는 순간에
바닥을 찬다.

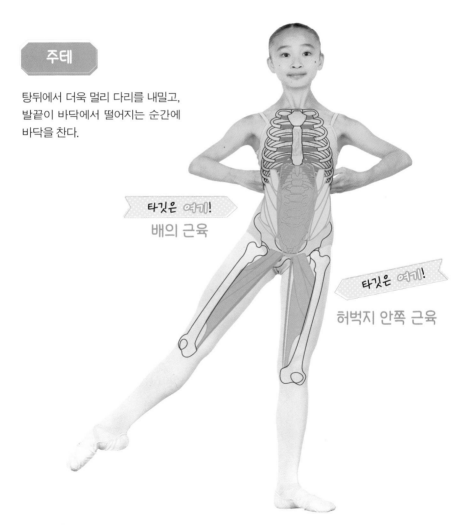

타깃은 여기!
배의 근육

타깃은 여기!
허벅지 안쪽 근육

몸통을 지탱하는 배의 근육

배의 근육(복근)이라고 하면 몸 앞쪽
에 있는 복근만 생각하기 쉽지만, 사실
그 안쪽에도 3개의 근육이 있어 옆이
나 비스듬한 위쪽에서 코르셋처럼 배
를 감싸고 있습니다. 이 4개의 근육은
늑골과 골반을 연결하여 몸통을 지탱
해주고 있기 때문에 이것을 사용하지
않으면 주테를 하는 동안 몸통이 휘청
휘청하여 다리를 빠르게 움직일 수 없
습니다. 배 근육으로 늑골과 골반을
똑바로 연결한다는 의식을 가지고 몸
통을 받치면서 주테를 해봅니다.

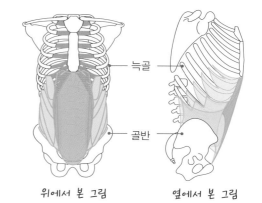

늑골

골반

위에서 본 그림   **옆에서 본 그림**

배의 근육(복근)※

※ 복직근腹直筋, 복횡근腹橫筋, 내복사근内腹斜筋,
　외복사근外腹斜筋을 말한다

골반을 안정시키는 허벅지 안쪽 근육

OK

허벅지 안쪽 근육이
움직이고 있으므로
골반이 수평을
유지하고 있다

허벅지 안쪽 근육이
느슨하게 풀려서
골반이 기울었다

NG

허벅지 안쪽 근육(내전근)은 골반과 허벅지
뼈를 연결하고 있으며 골반을 안정시키는 역
할을 합니다. 따라서 서 있는 다리의 허벅지
안쪽 근육이 작동하지 않으면(풀어져 있으
면) 움직이는 다리에 이끌려 골반이 기울어
지고, 축이 흔들리면서 힘을 주거나 내민 다
리를 단단히 잡아주지 못해 올바른 주테를
할 수 없습니다. 서 있는 다리의 안쪽 허벅지
근육의 길이를 유지한다는 이미지로 골반을
수평으로 유지하면서 주테를 합니다. 또한
허벅지 안쪽 근육은 밖으로 내민 다리를 중
심으로 되돌아오게 하는 역할도 합니다. 두
다리의 허벅지 안쪽 근육을 중심까지 모으
는 것을 의식하여, 내민 다리를 단단히 잡아
당기도록 합니다.

1번 포지션으로 주테

핵심이 되는 **배의 근육**과 **허벅지 안쪽 근육**을 의식하면서 주테를 해봅니다. 그 근육들을 의식하지 못하면 발가락으로 바닥을 찬 다음에 발끝이 들썩, 하고 흔들리게 됩니다. 공중에서 딱 멈추고, 아름다운 발끝을 보여줍시다.

1 한 손 바에서 1번 포지션으로 서고,
오른팔을 알 라 스공드로.

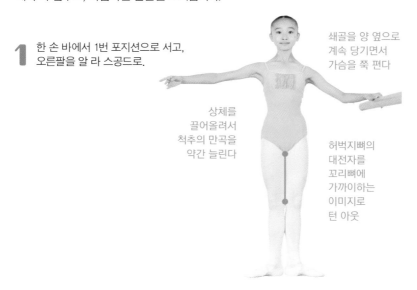

쇄골을 양 옆으로
계속 당기면서
가슴을 쭉 편다

상체를
끌어올려서
척추의 만곡을
약간 늘린다

허벅지뼈의
대전자를
꼬리뼈에
가까이하는
이미지로
턴 아웃

2 오른쪽 다리를 옆으로 내밀고
드미 포인을 통과한다.

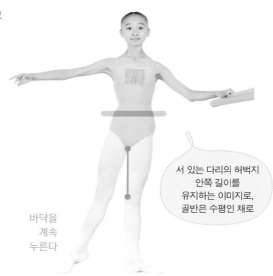

서 있는 다리의 허벅지
안쪽 길이를
유지하는 이미지로,
골반은 수평인 채로

바닥을
계속
누른다

3 발가락으로 바닥을 차면서 발끝을 늘리고
발을 바닥에서 띄운다.

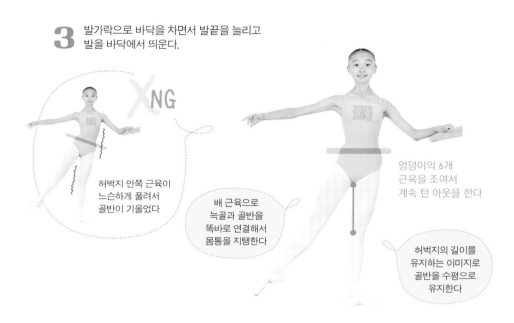

X NG

허벅지 안쪽 근육이
느슨하게 풀려서
골반이 기울었다

배 근육으로
늑골과 골반을
똑바로 연결해서
몸통을 지탱한다

엉덩이의 6개
근육을 조여서
계속 턴 아웃을 한다

허벅지의 길이를
유지하는 이미지로
골반을 수평으로
유지한다

4 바닥을 문지르면서 다리를
1번 포지션으로 되돌린다.

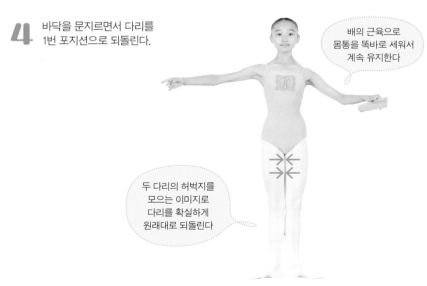

배의 근육으로
몸통을 똑바로 세워서
계속 유지한다

두 다리의 허벅지를
모으는 이미지로
다리를 확실하게
원래대로 되돌린다

5번 포지션으로 주테

1번 포지션으로 올바른 주테의 감각을 익혔다면, 이제 5번 포지션으로도 해봅니다. 5번 포지션은 다리를 깊게 교차하고 있는 만큼, 다리를 움직이는 거리가 크며, 1번 포지션보다 더욱 허벅지 안쪽의 근육을 사용할 필요가 있습니다. 두 다리의 허벅지 안쪽을 겹치는 이미지로 정확하게 5번 포지션으로 돌아옵니다.

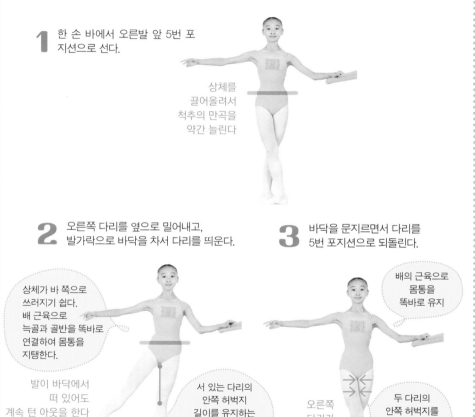

1 한 손 바에서 오른발 앞 5번 포지션으로 선다.

상체를 끌어올려서 척추의 만곡을 약간 늘린다

2 오른쪽 다리를 옆으로 밀어내고, 발가락으로 바닥을 차서 다리를 띄운다.

상체가 바 쪽으로 쓰러지기 쉽다. 배 근육으로 늑골과 골반을 똑바로 연결하여 몸통을 지탱한다.

발이 바닥에서 떠 있어도 계속 턴 아웃을 한다

서 있는 다리의 안쪽 허벅지 길이를 유지하는 이미지로 골반을 수평으로 유지한다

3 바닥을 문지르면서 다리를 5번 포지션으로 되돌린다.

배의 근육으로 몸통을 똑바로 유지

오른쪽 다리가 구부러지지 않도록 주의해서

두 다리의 안쪽 허벅지를 겹쳐서 다리를 확실하게 교차시킨다

올바른 주테를 위한 연습

주테의 핵심인 **배 근육**과 **허벅지 안쪽 근육**을 제대로 사용하는 운동에 도전해봅니다.

허벅지 안쪽 근육을 강화하는 운동 ①

다리를 위로 들어 올린 상태에서 유지하는 운동으로 골반을 지탱하는 허벅지 안쪽 근육을
강화합니다.

※ 폼롤러 대신 요가 매트나 수건을 말아서 사용해도 OK!

1 오른쪽 옆구리를 아래로 하고 누워서 오른팔을 위로 뻗고, 왼손을 허리에 얹는다.
왼쪽 다리는 무릎을 구부려 폼롤러에 올려놓는다.

상체는 머리 쪽으로
계속 잡아당기고,
척추는 곧게
펴진 채로

골반이 앞이나 뒤로 쓰러지지 않도록

무릎은 90도로 굽힌다

허리가 바닥에 닿지 않도록

2 오른쪽 다리를 천천히 위로 들어 올려 10초 동안 유지한다. 다리를 바닥에 닿기 직전 지점
까지 내린다. 이 동작을 3회 반복한다. 반대쪽 다리도 똑같이 해준다.

허벅지 안쪽 근육에
힘이 들어가는 것을 느끼면서

허리는 바닥에서 떨어진 채로. 상체를 머리 쪽으로 계속 끌어당긴다

허벅지 안쪽 근육을 강화하는 운동 ②

다리를 위아래로 계속 움직이는 운동으로 다리를 움직이기 위한 허벅지 안쪽 근육을 키웁니다.

상체는 머리 쪽으로 계속 끌어당기고,
척추는 곧게 펴진 채로.
허리가 바닥에
닿지 않도록

내려놓을 때는
바닥에 닿기 직전 지점까지

오른쪽 옆구리를 아래로 하고 누워서 운동 ①의 **1** 상태를 취한다.
오른쪽 다리를 천천히 10회 위아래로 움직인다. 반대쪽 다리도 똑같이 해준다.

배 근육을 강화하는 운동

옆으로 보고 하는 플랭크로 배의 네 가지 근육을 강화하고 몸통을 지탱하는 감각을
익혀봅니다.

1 오른쪽 겨드랑이를 아래로 하고 누워서
오른쪽 팔꿈치를 어깨 밑에 받치고
상체를 일으킨다. 왼손은 허리에 대고
두 무릎을 구부린다.

상체를 끌어올려
척추의 만곡을
약간 늘린다

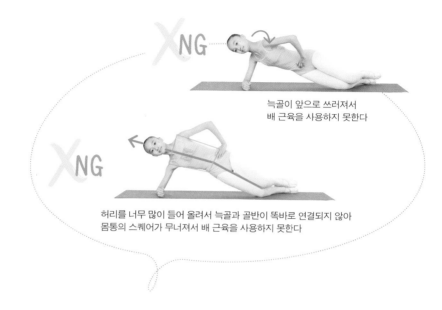

늑골이 앞으로 쓰러져서
배 근육을 사용하지 못한다

허리를 너무 많이 들어 올려서 늑골과 골반이 똑바로 연결되지 않아
몸통의 스퀘어가 무너져서 배 근육을 사용하지 못한다

2 엉덩이를 천천히 위로 들어 올려 5초 동안 유지한다. 천천히 **1**로 돌아간다.
이것을 2~3회 반복한다. 반대쪽도 똑같이 해준다.

어깨와 골반의
스퀘어(사각형)를
계속 유지한다.

오른팔이 바닥과
수직이 되도록

늑골과 골반을 똑바로 연결한다는 이미지로 머리부터 무릎까지
일직선으로 유지한다. 배 근육에 힘이 들어가는 것을 느끼면서

Q&A 발레와 몸에 대해 조금 더 알고 싶어요

레슨 시간에 몸의 구조를 잘 몰라서, 동작이 잘 되지 않아서 답답했던 것들이 있지요? 발레 해부학 전문가인 사토 아이 선생님이 여러분의 궁금증에 답해드립니다!

Q 주테를 빠르게 하면 왜 팔에 힘이 들어가는 걸까요?

A 팔에 쓸데없는 힘이 들어가는 것은 복부 근육이 약하다는 증거입니다. 다리나 팔은 모두 몸통에 붙어 있으니까요. 그런 **몸통이 단단히 고정되지 않으면 다리를 움직일 때 팔이 다리에 끌려가서 팔도 움직이게 됩니다. 그러면 팔을 움직이지 않으려고 무의식에 불필요한 힘이 들어가게 되는 것입니다.** 이번에 소개한 것처럼 배의 4개의 근육으로 늑골과 골반을 똑바로 연결한다는 이미지로 몸통을 받치면서 주테를 해봅니다. 몸통, 팔, 다리를 따로따로 움직일 수 있게 되고, 다리를 빠르게 움직여도 팔은 부드럽고 유연하게 사용할 수 있게 될 것입니다.

Q 반복해서 주테를 할 때 매번 제대로 5번 포지션으로 돌아오지 못합니다. 어떻게 해야 할까요?

A 그것은 아마도 **주테를 반복하는 동안에 움직이는 다리의 골반이 처져서 상체가 서 있는 다리 위에 얹힘으로써 움직이는 다리가 돌아올 공간이 없어졌기 때문일 것입니다.** 골반이 처진다는 것은 골반과 바닥의 거리가 가까워진다는 뜻이므로, 움직이는 다리를 5번 포지션으로 되돌리기 위해서는 다리를 굽히거나 어정쩡한 5번 포지션으로 돌아올 수밖에 없

습니다. 중요한 것은 상체를 계속 끌어올려서 골반을 바른 위치에 유지하는 것입니다. 그렇게 해야만 그 아래에 있는 다리를 자유롭게 움직일 수 있습니다. 상체와 골반을 유지한 채로 천천히, 그리고 조금씩 속도를 높여서 주테를 반복해보면 좋을 것 같습니다.

Q 매일 스트레칭을 해도 좀처럼 유연해지지 않아요. 왜 그럴까요?

A 그 이유로 가장 먼저 생각할 수 있는 것은 **유연해지고 싶은 부분의 근육 자체가 약하다는 것**입니다. 사실 근육은 약해지면 뻣뻣해지기 쉽다는 특별한 특징이 있습니다. 따라서 아무리 매일 스트레칭을 해도, 늘리고 싶은 근육이 약하면 일상생활 속에서 금방 경직되어버립니다. 또 하나는, 반대로 **다른 근육이 약하기 때문에 유연해지고 싶은 근육만 너무 많이 사용해서 굳어버린** 경우입니다. 어느 쪽이든 스트레칭으로는 근육을 강화할 수 없으므로 운동을 하는 것이 좋습니다. 또한, 영양 부족이나 수면 부족으로 인해 근육이 굳어질 수도 있기 때문에 평소의 생활습관을 체크하는 것도 중요합니다.

다리 운동을 할 때도
상체부터 긴장을 늦추면 안 돼요.
허리가 바닥에 닿지 않도록!

롱 드 장브 아 테르

롱 드 장브 아 테르의 핵심은 골반과 고관절입니다.

이 두 가지에 초점을 맞춰 롱 드 장브 아 테르의 올바른 몸 사용법을 체크해봅니다.

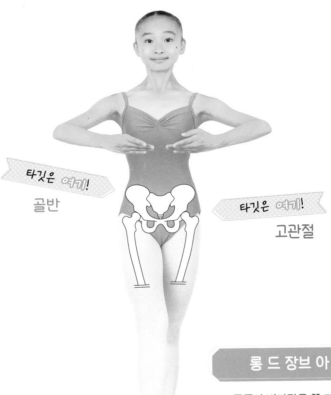

타깃은 여기!

골반

타깃은 여기!

고관절

롱 드 장브 아 테르

무릎과 발가락을 쭉 뻗은 채로,
발끝으로 바닥에 반원을 그린다.

올바른 자세를 유지하는 골반

롱 드 장브 아 테르를 할 때 다리에
이끌려 골반이 여러 방향으로 움직
이지는 않나요? 골반이 움직이면
서 있는 다리가 턴 인 상태가 되거
나 상체가 흔들리는 등 자세가 무
너지게 됩니다. 골반 양쪽의 튀어나
온 부분에 라이트가 켜져 있다는 이
미지를 상상하면서 항상 빛(골반)을
정면을 향하게 하여, 바른 자세를
유지한 채 다리를 움직여봅니다.

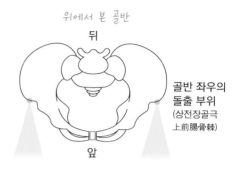

위에서 본 골반

뒤

골반 좌우의
돌출 부위
(상전장골극
上前腸骨棘)

앞

※ 두 손을 허리에 얹었을 때 가운뎃손가락으로 만져지는 부분

다리를 자유롭게 움직이기 위한 고관절

고관절은 골반에 있는 둥글게 패인 홈과
허벅지뼈 끝에 붙어 있는 공 모양의 뼈
가 결합된 관절입니다. 홈에 공이 끼워진
모양이지요. 이 구조 덕분에 다리를 다
양한 방향으로 움직일 수 있습니다. 다
리를 둥글게 움직이는 롱 드 장브 아 테
르에서는, '둥근 홈 속에서 공 모양의 뼈
를 돌린다'는 이미지로 다리를 부드럽게
움직여봅니다. 또한, 끌어올리는 것을 잊
고 골반에 체중을 실어버리면, 패인 홈
과 공 사이에 공간이 없어져서 다리를
부드럽게 움직일 수 없습니다. 골반을
높은 위치에 고정시키고, 고관절에 공간
을 만들어서 롱 드 장브를 해봅니다.

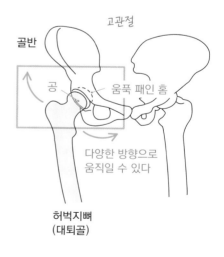

고관절

골반

공   움푹 패인 홈

다양한 방향으로
움직일 수 있다

허벅지뼈
(대퇴골)

앙 드오르(외회전)

핵심인 **골반**과 **고관절**을 의식하면서, 외회전 롱 드 장브 아 테르를 해봅니다. 발끝이 바닥에서 떨어지지 않도록 주의합니다.

1 한 손으로 바를 잡고 오른발을 앞에 둔 5번 포지션으로 서고, 오른팔을 알 라 스공드로.

상체를 위로 끌어올려 척추의 만곡을 약간 늘린다

허벅지뼈의 대전자를 꼬리뼈에 가깝게 하는 이미지로 턴 아웃

골반 좌우의 라이트를 정면으로 향하게 한다

2 오른쪽 다리를 발뒤꿈치부터 앞으로 내밀고 앞 탕뒤.

라이트는 정면을 유지

고관절의 공간이 없어지지 않도록 한쪽 다리가 축이 되어도 골반을 높게 유지한다

발가락 밑부분으로 바닥을 눌러서 발끝을 늘린다

다리를 앞으로 내밀 때의 올바른 위치는 서 있는 다리의 아치 앞

다리를 너무 심하게 교차하면 골반이 바 쪽을 향하게 되어 자세가 무너진다

OK

앞에서 보면…

위에서 보면…

NG

엉덩이의 6개 근육을 사용하여 앙 드오르

라이트를 계속 정면을 향한 채로, 다리가 움직여도 골반은 움직이지 않게!

골반의 움푹 패인 홈 안에서 공 모양의 뼈를 돌리는 이미지로 다리를 움직인다

3 발끝으로 반원을 그리면서 다리를 옆으로 움직여간다.

6 뒤 탕뒤로 발뒤꿈치부터 다리를 1
번 포지션으로 되돌리고 **2~6**을
반복한다.

상체는 계속
끌어올린다

골반은
계속 높게
유지한다

라이트는
계속 정면을
향한다

뒤에서 보면…   위에서 보면…

OK

뒤쪽으로 다리를 내밀 때의 올바른 위치는
서 있는 다리의 뒤꿈치 뒤쪽.
교차가 덜 되지 않도록 주의해서

5
더 뒤쪽으로 움직여간다

상체는 계속
끌어올린다

골반의 홈 속에서
공 모양의 뼈를
계속 움직여서

다리에 이끌려서
골반이 바깥쪽을
향하기 쉽다
라이트는 계속
정면을 향한다

골반의 홈과
공 모양의 뼈가
붙지 않도록 골반을
높게 유지한다

4 옆 탕뒤를 거쳐서

올바른 롱 드 장브 아 테르를 위한 운동

롱 드 장브 아 테르의 핵심이 되는 **골반**과 **고관절**을 바르게 사용할 수 있는 운동에 도전해봅니다.

골반을 유지한 채 다리를 움직이기 위한 운동법

벽을 이용한 롱 드 장브로 골반을 움직이지 않고 다리를 움직이는 연습을 해봅니다.
누워서 연습함으로써 자연스럽게 골반이 고정되어 감각을 익히기 쉽습니다.

1 위를 보고 누워서 발목 아래에 폼롤러를 놓고 두 발을 벽에 붙인 후
1번 포지션을 취한다. 두 손은 골반에 얹는다.

※ 폼롤러 대신 요가 매트나 수건을 말아서 사용해도 된다.

무리하지 않는 각도로
턴 아웃하면 충분하다

라이트는 정면을 향한다

2 발바닥으로 벽을 문지르면서 오른쪽 다리를 앞으로 내민다.

상체는 머리쪽으로
계속 끌어당기고,
척추의 만곡을 유지

3 발끝으로 반원을 그리듯이 앞에서 옆으로 다리를 움직인다. 다리를 1번 포지션으로 돌아오고, **2~3**을 반복한 다음, 앙 드당(내회전)으로도 실시한다. 반대쪽 다리도 똑같이 해준다.

옆 탕뒤는 서 있는
다리의 발끝과 같은 선까지

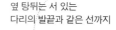

엉덩이가 나오거나
허리가 젖혀지지 않도록
척추는 똑바로 유지

라이트는 정면을 계속 향하고,
좌우의 골반은 바닥과 평행인 채로

※ 골반이 움직이는 경우에는 다리를 옆으로 끝까지 움직이지 않아도 된다.
　처음에는 옆으로 작게 움직이고, 익숙해지면 조금씩 크게 움직여본다.

고관절을 자유롭게 사용하기 위한 연습

골반을 유지한 채로 고관절 안에서 다리를 자유롭게 움직이는 연습을 해봅니다.

1 팔꿈치와 무릎을 구부려 바닥에 대고 무릎 아래도 바닥에 댄다.

상체를 끌어올려 척추의
만곡을 약간 늘린다

머리가 아래로
떨어지지 않도록
위쪽으로 계속 끌어올린다

두 팔꿈치가 바닥과
90도가 되도록

좌우 조명은 바닥을 향하게 한다

2 왼쪽 무릎을 뻗고, 발가락을 바닥에 댄다.

XNG

골반이 다리와 함께
움직이고 있다

골반은 똑바로 유지

왼쪽 발뒤꿈치를
뒤로 밀어낸다

공 모양의 뼈가 움푹 패인 곳에서 움직인다는 이미지로,
골반은 유지한 채 다리만 움직인다

3 오른쪽 무릎을 펴고 발가락을 바닥에 붙인다. 왼쪽 → 오른쪽의 순서로 무릎을 구부려
1의 상태로. **1~3**을 3회 반복한다.

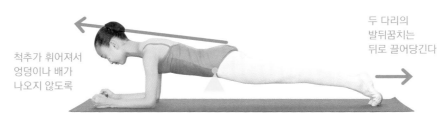

두 다리의
발뒤꿈치는
뒤로 끌어당긴다

척추가 휘어져서
엉덩이나 배가
나오지 않도록

골반이 좌우로 기울어지지 않도록 라이트는 계속 바닥을 향한다

Plus One Check!

작은
턴 아웃 각도로
롱 드 장브

롱 드 장브를 할 때 아직 완벽한 턴 아웃이 되지 않아 골반이 움직인 다면, 먼저 턴 아웃 각도를 작게 해봅니다. 그것이 잘 되면 45도 → 90도 → 120도로 턴 아웃 각도를 조금씩 크게 해갑니다.

1 양손 바를 잡고
약간 턴 아웃한
자세로 선다.

2 바닥을 문지르면서 오른쪽 다리를 앞으로 내밀고 발끝으로
반원을 그리며 뒤 탕뒤를 한다. 원래 자세로 돌아와서 다시
앞 → 옆 → 뒤를 반복한다.

골반을 높은 위치로 유지

고관절의 움푹 패인 곳 안에서
공 모양의 뼈를 돌리는
이미지로 다리를 움직인다

상체를
끌어올려서
척추의 만곡을
약간 늘린다

다리의 움직임에 따라 라이트가
흔들리지 않도록 라이트는 계속
정면을 향한다

레슨 시간에 몸의 구조를 잘 몰라서, 동작이 잘 되지 않아서 답답했던 것들이 있지요? 발레 해부학 전문가인 사토 아이 선생님이 여러분의 궁금증에 답해드립니다!

Q 롱 드 장브 아 테르에서 턴 아웃이 유지되지 않고 풀려버립니다. 어떻게 하면 좋을까요?

A 먼저 체크하고 싶은 것은 **처음에 탕뒤를 할 때부터 턴 아웃이 풀려 있지는 않았는가,** 하는 점입니다. 롱 드 장브는 앞, 옆, 뒤의 3개의 탕뒤를 통과하는 동작이기 때문에 직선 동작(탕뒤)에서 턴 아웃이 되어 있지 않았다면 원을 그리는 동작에서도 당연히 턴 아웃이 되지 않습니다. 다시 한 번 기본으로 돌아가서 탕뒤를 복습해봅니다. 만약 탕뒤에서는 턴 아웃이 되어 있다면, **드미 롱드(앞에서 옆으로, 옆에서 뒤로 등 절반의 롱 드 장브)로 다리를 움직이면서 턴 아웃 감각을 익혀봅니다.** 어떤 동작이든, 잘 되지 않는 동작의 '앞' 단계를 연습하는 것이 나쁜 습관을 들이지 않고 실력을 향상시키는 데 도움이 됩니다.

Q 발끝이 뻣뻣해서 매일 스트레칭을 해주는데도 다음 날이면 다시 뻣뻣해집니다.

A 발끝은 '스트레칭을 해서 부드러워지면 자연스럽게 늘어나는' 것이 아니라 '**발바닥 근육을 사용해서 늘리는**' 것입니다. 아무리 발끝을 손으로 늘려도 근육은 강해지지 않으므로 아름답게 펴지 못합니다. P. 54~57에서

발가락을 펴기 위한 다양한 운동을 소개하고 있으니, 우선은 매일 꾸준히 실천해보세요. 제대로 운동하면 2~3주 정도면 근육을 사용하여 늘리는 감각이 생기고, 근육 자체도 키워질 것입니다. 프로 무용수들도 매일 플리에와 탕뒤를 연습하듯이, 매일매일 꾸준히 하는 것은 매우 의미 있는 일이므로 습관화합시다!

Q 다리를 앞으로 뻗고 앉아서 스트레칭을 할 때 상체를 앞으로 완전히 숙일 수 없어요. 골격 때문일까요?

A 다리를 앞으로 뻗고 앉아서 몸을 앞으로 숙이기 위해서는 **허벅지 뒤쪽 근육(햄스트링)의 유연성이 필요합니다.** 하지만 이 부분은 특히 **성장기에는 일시적으로 뻣뻣해질 수 있습니다.** 또한 만약 10~18세 전후의 나이라면, 어쩌면 다리가 성장하는(길어지는) 중일 수도 있습니다. 성장기에 무리하게 늘리려고 하면 햄스트링이 붙어 있는 뼈의 박리골절이나 근육 부상으로 이어질 수 있으니, 지금은 **한쪽 다리씩 하거나 요가 블록을 엉덩이 밑에 깔고 높이를 만드는 등 하중이 적은 상태에서 유연성을 길러줍니다.** 또한, 원래 클래식 발레에는 앉아서 상체를 다리에 딱 붙여야 하는 동작이 없습니다. 스트레칭을 할 때 '기분 좋은 통증이 있다'고 느껴질 정도로만 늘어난다면 상체가 완벽하게 숙여지지 않아도 수업에 지장을 주는 일은 없으니까요.

골반이 좌우로
기울어지지 않게!
그래, 그렇게!

퐁뒤

퐁뒤에서 핵심이 되는 것은 무릎 관절과 좌골.

이 두 가지에 초점을 맞춰서 퐁뒤의 올바른 몸 사용법을 체크해봅니다.

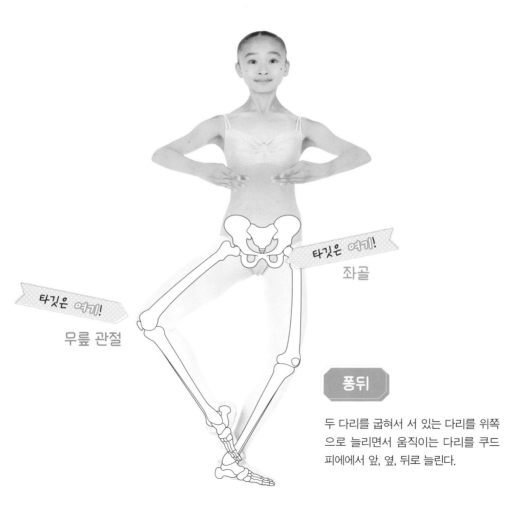

타깃은 여기!

좌골

타깃은 여기!

무릎 관절

퐁뒤

두 다리를 굽혀서 서 있는 다리를 위쪽으로 늘리면서 움직이는 다리를 쿠드피에에서 앞, 옆, 뒤로 늘린다.

아름다운 라인을 만드는 무릎 관절

퐁뒤에서 움직이는 다리를 뻗을 때, 무릎 높이가 아래로 떨어지며 뻗고 있지 않나요? 무릎을 짓누르듯이 펴면 발끝을 멀리 뻗을 수 없고, 허벅지 앞쪽 근육만 사용하게 됩니다. 허벅지뼈(대퇴골)는 움직이지 말고, 정강이뼈(경골)만 움직여 무릎 관절을 펴도록 합니다. 발끝을 더 멀리 뻗을 수 있고, 더 부드럽게 움직일 수 있게 됩니다. 또한, 서 있는 다리의 무릎 관절에는 모든 체중이 실리기 때문에 도중에 턴 아웃이 풀리면 플리에를 할 때 무릎이 앞으로 쓰러져서 하중이 더해지므로 다칠 수도 있습니다. 무릎이 옆으로 당겨지도록 턴 아웃을 하면서 플리에를 하고, 슬개골을 위로 들어 올린다는 이미지로 서 있는 다리를 늘려갑니다.

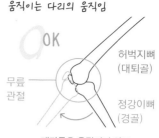

움직이는 다리의 움직임

OK

무릎
관절

허벅지뼈
(대퇴골)

정강이뼈
(경골)

대퇴골은 움직이지 않고
무릎 아래만 움직이고 있다

NG

허벅지뼈가 떨어져서
무릎이 밀어넣어진 채로 늘리고 있다

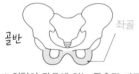

골반

좌골

※ 엉덩이 좌우에 있는 돌출된 뼈로,
앉을 때 의자에 닿는 부분

올바른 포지션을 유지하는 좌골

퐁뒤는 한쪽 다리로 플리에(상하운동)를 하면서 다른 쪽 다리를 움직이기 때문에, 아무래도 움직이는 다리에 끌려가서 골반이 앞뒤나 좌우로 틀어지기 쉽고, 자세가 무너지기 쉽습니다. 올바른 자세로 퐁뒤를 하기 위해서는 항상 서 있는 다리 위에 골반을 얹고 좌골이 바로 아래를 향하게 하는 것이 좋습니다. 단, 인간의 골격상 좌골이 계속 아래를 향하고 있으면 다리는 15도 정도만 뒤로 올릴 수 있습니다. 뒤 퐁뒤를 할 때는 좌골이 바로 아래가 아니라 비스듬하게 아래를 향하고 있어도 됩니다.

OK

NG

서 있는 다리 위에 골반이
얹혀 있고 좌골이 똑바로
아래를 향하고 있다

골반이 틀어져서
좌골이 비스듬하게
아래를 향하고 있다

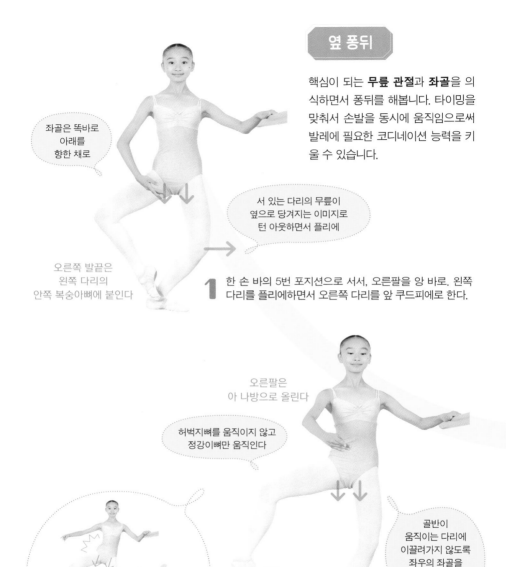

핵심이 되는 **무릎 관절**과 **좌골**을 의식하면서 퐁뒤를 해봅니다. 타이밍을 맞춰서 손발을 동시에 움직임으로써 발레에 필요한 코디네이션 능력을 키울 수 있습니다.

좌골은 똑바로 아래를 향한 채로

서 있는 다리의 무릎이 옆으로 당겨지는 이미지로 턴 아웃하면서 플리에

오른쪽 발끝은 왼쪽 다리의 안쪽 복숭아뼈에 붙인다

1 한 손 바의 5번 포지션으로 서서, 오른팔을 앙 바로. 왼쪽 다리를 플리에하면서 오른쪽 다리를 앞 쿠드피에로 한다.

오른팔은 아 나방으로 올린다

허벅지뼈를 움직이지 않고 정강이뼈만 움직인다

골반이 움직이는 다리에 이끌려가지 않도록 좌우의 좌골을 계속 똑바로 아래로 향한 채로

X NG

움직이는 다리에 이끌려 골반이 틀어져서 좌골이 똑바로 아래를 향하지 않았다

2 왼쪽 다리를 늘리면서 오른쪽 다리를 옆으로 내밀고 아 티튜드를 통과한다.

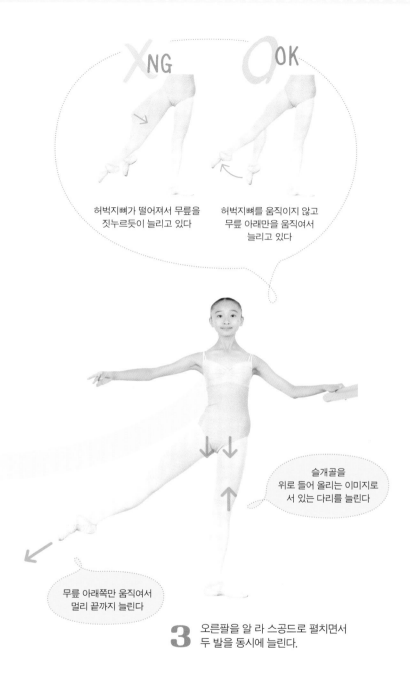

X NG

O OK

허벅지뼈가 떨어져서 무릎을
짓누르듯이 늘리고 있다

허벅지뼈를 움직이지 않고
무릎 아래만을 움직여서
늘리고 있다

슬개골을
위로 들어 올리는 이미지로
서 있는 다리를 늘린다

무릎 아래쪽만 움직여서
멀리 끝까지 늘린다

3 오른팔을 알 라 스공드로 펼치면서
두 발을 동시에 늘린다.

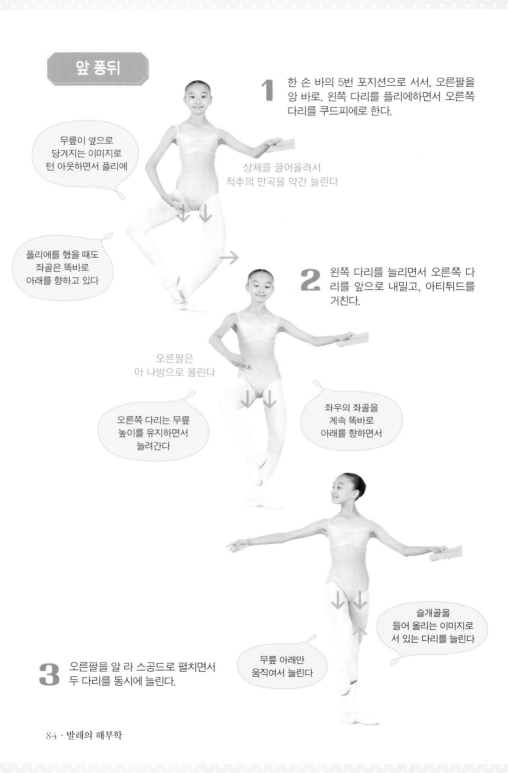

앞 퐁뒤

1 한 손 바의 5번 포지션으로 서서, 오른팔을 앙 바로. 왼쪽 다리를 플리에하면서 오른쪽 다리를 쿠드피에로 한다.

무릎이 옆으로 당겨지는 이미지로 턴 아웃하면서 플리에

상체를 끌어올려서 척추의 만곡을 약간 늘린다

플리에를 했을 때도 좌골은 똑바로 아래를 향하고 있다

2 왼쪽 다리를 늘리면서 오른쪽 다리를 앞으로 내밀고, 아티튀드를 거친다.

오른팔은 아 나방으로 올린다

오른쪽 다리는 무릎 높이를 유지하면서 늘려간다

좌우의 좌골을 계속 똑바로 아래를 향하면서

3 오른팔을 알 라 스공드로 펼치면서 두 다리를 동시에 늘린다.

무릎 아래만 움직여서 늘린다

슬개골을 들어 올리는 이미지로 서 있는 다리를 늘린다

뒤 퐁뒤

1 한 손 바의 5번 포지션으로 서서, 오른팔을 앙 바로. 왼쪽 다리를 플리에하면서 오른쪽 다리를 뒤 쿠드피에로 한다.

상체를 끌어올려서 척추의 만곡을 약간 늘린다

좌골은 계속 똑바로 아래를 향하면서

오른쪽 발끝은 왼쪽 다리의 바깥쪽 복숭아뼈에 붙인다

서 있는 다리의 무릎이 옆으로 당겨지는 이미지로 턴 아웃하면서 플리에

NG

움직이는 다리에 이끌려서 골반이 움직여버려 엉덩이가 나오고 좌골이 너무 뒤쪽을 향하고 있다

오른팔은 아 나방으로 올린다

골반은 서 있는 다리 위에 얹힌 채로. 좌골은 약간 비스듬하게 아래를 향한 상태

서 있는 다리의 무릎이 앞으로 쓰러지지 않도록 계속 턴 아웃한다

2 왼쪽 다리를 늘리면서 오른쪽 다리를 뒤로 내 밀고, 아티튀드를 거친다.

무릎을 늘린 순간에 움직이는 다리의 턴 아웃이 풀리기 쉽다. 무릎이 계속 옆을 향하게 하면서 늘린다

슬개골을 위로 들어 올리는 이미지로 서 있는 다리를 늘린다

3 오른팔을 알 라 스공드로 펼치면서 두 다리를 동시에 늘린다.

올바른 퐁뒤를 위한 연습

퐁뒤의 핵심이 되는 **무릎 관절**과 **좌골**을 올바르게 사용하기 위한 연습에 도전해봅니다.

허벅지뼈를 움직이지 않고 무릎을 늘리기 위한 연습 ①

앉아서 허벅지를 고정한 상태에서 반복해서 다리를 굽혔다가 뻗음으로써, 무릎 아래
만 움직여서 다리를 멀리까지 늘리는 감각을 익혀봅니다.

1 의자에 걸터앉아 두 발을 2번
포지션보다 약간 넓게 벌린다.
두 손은 무릎 위에.

상체를
끌어올려서
척추의 만곡을
약간 늘린다

2 발바닥으로 바닥을 문지르면서 오른쪽
다리를 옆으로 내밀어가고……,

1의 상체를
유지한 채

3 발가락으로 바닥을 눌러서 오른쪽 다리를
띄운다. 이것을 3회 반복하고 반대쪽도 똑
같이 해준다.

등이 구부정해지거나
젖혀지지 않도록
척추는 똑바로 유지

허벅지는 움직이지
않고 무릎 아래만
움직여서 무릎을
늘린다

허벅지뼈를 움직이지 않고 무릎을 늘리기 위한 연습 ②

스트레치 밴드로 바에 다리를 걸고 밴드의 길이를 유지한 채(＝허벅지를 움직이지 않고) 무릎 아래만 움직여서 다리를 늘리는 연습을 해봅니다.

1 한 손 바의 1번 포지션으로 서서, 스트레치 밴드를 고리처럼 바에 동여맨다. 왼쪽 다리를 밴드에 걸고, 오른손은 허리에.

상체를 끌어올려서
척추의 만곡을 약간 늘린다

2 밴드의 길이가 달라지지 않도록 무릎 아래만 움직여서 천천히 왼쪽 무릎을 늘린다. 이것을 3회 반복하고, 반대쪽도 똑같이 해준다.

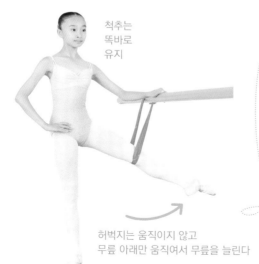

척추는
똑바로
유지

허벅지는 움직이지 않고
무릎 아래만 움직여서 무릎을 늘린다

X NG

허벅지를
위로 들어 올리고
무릎을 늘려서
밴드가 수축해 있다

X NG

허벅지를 위로 들어 올려
유지하지 못하고
무릎을 늘려서
밴드가 늘어나 있다

좌골의 방향을 바꾸지 않고 퐁뒤를 하기 위한 연습

손으로 좌골을 만지면서 한쪽 다리 플리에를 실시하여,
좌골을 아래로 향한 채로 퐁뒤를 하는 연습을 해봅니다.

1 1번 포지션으로 서서, 한 번 플리에를 하여 두 손으로
엉덩이 속에 있는 좌우의 돌출된 뼈(좌골)를 찾아본다.
좌골을 찾아냈다면 두 손으로 좌골을 잡는다.

상체를 끌어올려서
척추의 만곡을 약간 늘린다

2 오른쪽 다리를 앞 쿠드피에로.

척추는
똑바로
세운 채로

좌우의 좌골을
똑바로 아래를
향한 채로

3 왼쪽 다리를 천천히 플리에하고, 천천히 **2**로 돌아온다.
이것을 3회 반복하고 반대쪽도 똑같이 해준다.

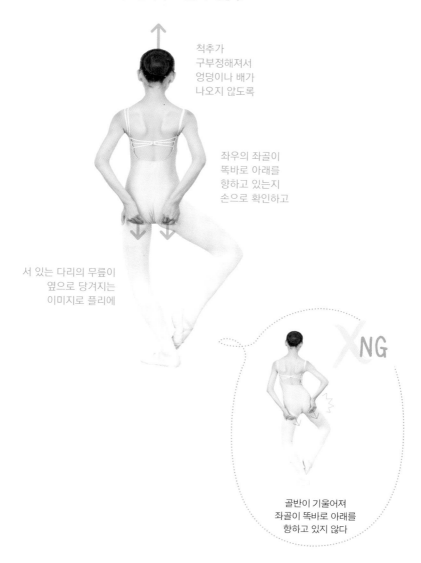

척추가
구부정해져서
엉덩이나 배가
나오지 않도록

좌우의 좌골이
똑바로 아래를
향하고 있는지
손으로 확인하고

서 있는 다리의 무릎이
옆으로 당겨지는
이미지로 플리에

X NG

골반이 기울어져
좌골이 똑바로 아래를
향하고 있지 않다

Q&A 발레와 몸에 대해 조금 더 알고 싶어요

레슨 시간에 몸의 구조를 잘 몰라서, 동작이 잘 되지 않아서 답답했던 것들이 있지요? 발레 해부학 전문가인 사토 아이 선생님이 여러분의 궁금증에 답해드립니다!

Q 발목이 약해서 평소에 삐거나 다치는 일이 많습니다. 발목을 강화하는 방법을 알려주세요.

A 먼저, 염좌는 명백한 부상이기 때문에 대수롭지 않게 여겨서는 안 됩니다. 염좌를 당한 사람 중에는 만성적인 발목 불안정이라는 문제로 이어지는 경우도 있습니다. 앞으로도 발레를 계속하겠다면 우선 **정형외과 등에서 발목 인대 등에 문제가 없는지 진찰을 받아보는 것이 좋습니다.** 그리고 다리 길이나 걸음걸이 등 다른 원인이 없는지 확인하는 것이 좋습니다. 절대로 염좌를 무시하고 레슨을 계속하거나, SNS에서 연습 방법을 찾아 무작정 연습하는 것은 금물입니다. 전문가에게 증상에 맞는 연습을 처방받는 것이 발목 강화의 지름길입니다.

Q 알레그로가 약해서 재빨리 움직이는 것이 힘들어요.

A 먼저 확인해야 할 것은 **앙셴망을 100% 기억하고 있는지 여부**입니다. 순서를 모르거나, 나오는 스텝의 움직임이 모호하거나, 나아갈 방향이나 몸의 각도를 모르면 빨리 움직이지 못하는 것은 당연합니다. 다음으로, **알레그로에 나오는 날렵한 동작을 바 워크에서 배우지 않은 것이 원인일 수도 있습니다.** 플리에나 아다지오 등으로 천천히 움직이는 연습을 하

듯이, 바 워크에서도 빠른 주테나 프라페 등으로 날렵하게 움직이는 연습을 해야 합니다. 바 워크에서 바에 의존하지 않고 빠르게 움직일 수 있게 되면, 센터 워크에서도 날렵하게 움직일 수 있게 될 것입니다.

Q 다리를 펴도 구부러져 있는 것처럼 보입니다. 아름답게 다리를 쭉 뻗으려면 어떻게 하면 될까요?

A 다리를 제대로 쭉 펴기 위해서는 **다리를 늘리는 근육(액셀이 되는 근육)을 강화하고, 다리를 굽히는 근육(브레이크가 되는 근육)을 스트레칭해야 합니다.** 액셀이 되는 것은 허벅지 앞쪽 근육(대퇴사두근), 브레이크가 되는 것은 허벅지 뒤쪽 근육(햄스트링)과 종아리 근육(비복근)입니다. 브레이크가 되는 근육은 이미 레슨 등을 통해 충분히 강화되어 있을 것이므로, **아마도 다리를 펼 때 허벅지 앞쪽 근육을 쓰지 못하고 있는 것이 아닌가** 싶습니다. 우선은 레슨 중에 슬개골을 위쪽으로 들어 올리는 이미지로 다리를 늘리도록 합시다. 액셀이 되는 근육이 적당히 사용되어 다리를 펴는 감각이 잡혀갈 것입니다. 또한, 이번 장에서 소개한 운동으로도 이 근육을 강화할 수 있으니 매일 꾸준히 해보기 바랍니다.

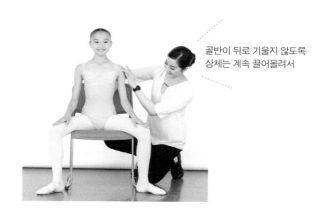

골반이 뒤로 기울지 않도록
상체는 계속 끌어올려서

롱 드 장브 앙 레르

롱 드 장브 앙 레르에서 핵심이 되는 것은, 장요근과 복사근. 이 두 가지에 초점을 맞춰서 롱 드 장브 앙 레르의 올바른 몸 사용법을 체크해봅니다.

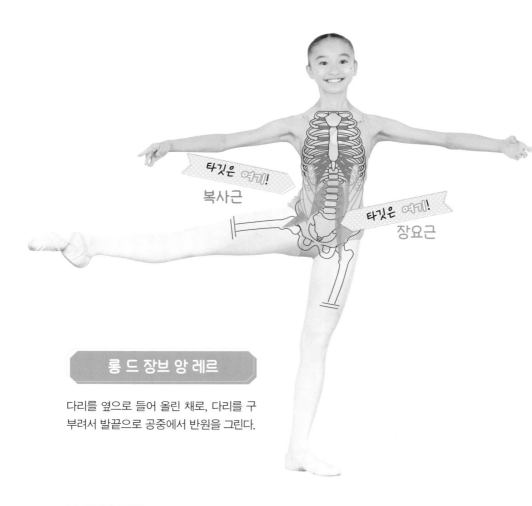

타깃은 여기!

복사근

타깃은 여기!

장요근

롱 드 장브 앙 레르

다리를 옆으로 들어 올린 채로, 다리를 구부려서 발끝으로 공중에서 반원을 그린다.

타깃 1 ★

다리를 들어 올리고 유지하는 장요근

롱 드 장브 앙 레르를 할 때 허벅지 앞쪽 근육만으로 다리를 유지하려고 하고 있지는 않나요? 사실 다리를 높게 올리기 위해서는 배의 깊은 곳에 있는 장요근을 사용해야 합니다. 장요근은 척추와 골반과 허벅지뼈를 연결하고 있으며, 다리를 90도 이상 위로 올릴 때 작용합니다. 또한, 올린 다리(허벅지뼈)를 높게 유지하는 역할도 분담하고 있습니다. 허벅지와 척추를 가깝게 하는 이미지로 장요근을 수축시켜 다리를 올리고, 그대로 계속 사용하면서 허벅지뼈를 움직이지 않고 앙 레르를 합니다.

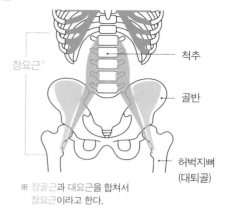

장요근※

척추

골반

허벅지뼈
(대퇴골)

※ 장골근과 대요근을 합쳐서
   장요근이라고 한다.

타깃 2 ★

올바른 자세를 유지하는 복사근

앙 레르는 다리를 옆으로 올린 채 발끝으로 공중에서 반원을 그리는 어려운 동작입니다. 따라서 다리의 움직임에 얽매여서 배에서 힘이 빠져서 등이 구부러지거나 몸이 좌우로 틀어지는 등 자세가 무너지기 쉽습니다. 늑골과 골반 사이를 떨어뜨리는 것을 의식하면서 좌우의 옆구리 근육(복사근)을 길게 유지한 채로 앙 레르를 합니다.

앞에서 본 그림   옆에서 본 그림

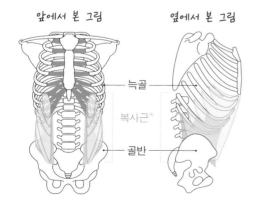

늑골

복사근※

골반

※ 복사근은 늑골과 골반을 이어주고 있으며, 외복사근과 그 안쪽에 있는 내복사근의 두 종류가 있다. 복근에 포함된다.

앙 드오르(외회전)

핵심이 되는 **장요근**과 **복사근**을 의식하면서, 롱 드 장브 앙 레르를 해봅니다.
똑바로 들어와서 뒤꿈치부터 앞으로 돌려나가는 앙 드오르와 반대로 발끝으로 앞쪽
반원을 그리며 들어왔다가 똑바로 나가는 '앙 드당(내회전)'의 두 종류가 있습니다.

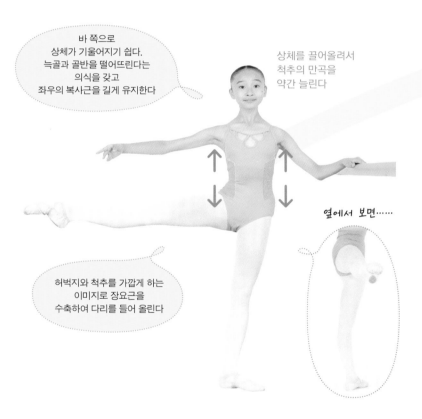

바 쪽으로
상체가 기울어지기 쉽다.
늑골과 골반을 떨어뜨린다는
의식을 갖고
좌우의 복사근을 길게 유지한다

상체를 끌어올려서
척추의 만곡을
약간 늘린다

옆에서 보면……

허벅지와 척추를 가깝게 하는
이미지로 장요근을
수축하여 다리를 들어 올린다

1 한 손 바의 5번 포지션으로 서서, 오른팔은 앙 바에서 아 나방을 거쳐서
알 라 스공드로. 동시에 오른쪽 다리를 옆으로 들어 올린다.

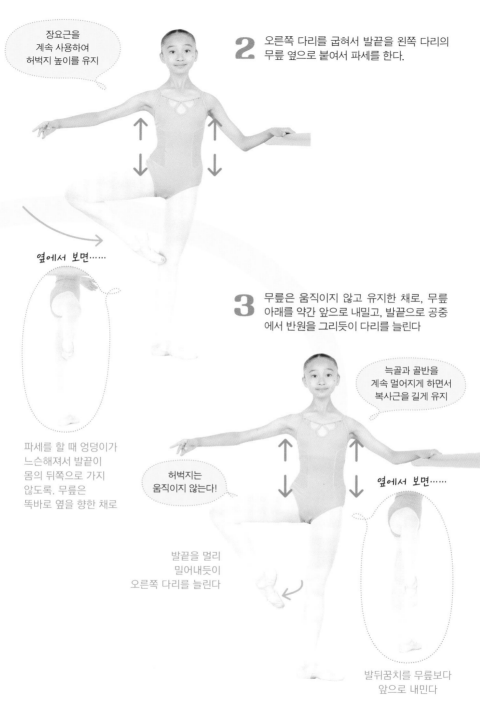

장요근을
계속 사용하여
허벅지 높이를 유지

2 오른쪽 다리를 굽혀서 발끝을 왼쪽 다리의
무릎 옆으로 붙여서 파세를 한다.

옆에서 보면……

3 무릎은 움직이지 않고 유지한 채로, 무릎
아래를 약간 앞으로 내밀고, 발끝으로 공중
에서 반원을 그리듯이 다리를 늘린다

늑골과 골반을
계속 멀어지게 하면서
복사근을 길게 유지

파세를 할 때 엉덩이가
느슨해져서 발끝이
몸의 뒤쪽으로 가지
않도록. 무릎은
똑바로 옆을 향한 채로

허벅지는
움직이지 않는다!

옆에서 보면……

발끝을 멀리
밀어내듯이
오른쪽 다리를 늘린다

발뒤꿈치를 무릎보다
앞으로 내민다

앙 드당(내회전)

파세에서 알 라 스공드로 다리를 내밀 때, 엉덩이가 느슨해져서 턴 아웃이 풀리기 쉽습니다.
복사근으로 골반을 확실하게 잡고, 턴 아웃을 하면서 발끝을 움직입니다.

1 한 손 바의 5번 포지션으로 서서,
오른팔은 앙 바에서 아 나방을 거쳐서 알 라 스공드로.
동시에 오른쪽 다리를 옆으로 들어 올린다.

허벅지와 척추를
가깝게 하는 이미지로
다리를 들어 올린다

상체를 끌어올려서
척추의 만곡을
약간 늘린다

바 쪽으로
상체가 기울어지지 않도록,
좌우의 복사근을
길게 유지

2 오른쪽 다리를 굽히고, 무릎은 움직이지 않고 발끝으로 공중에서
반원을 그리듯이 오른쪽 다리를 왼쪽 다리에 가까이해간다.

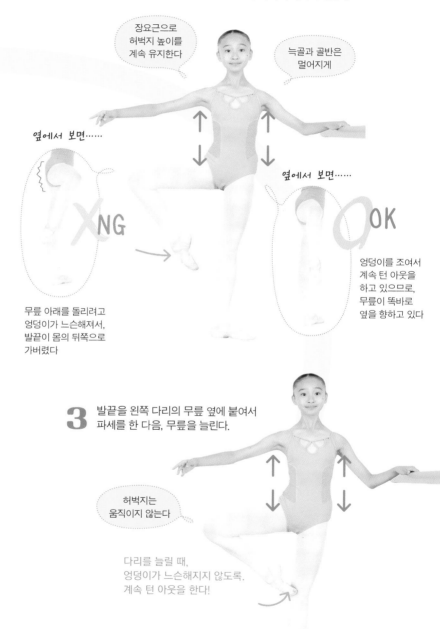

장요근으로
허벅지 높이를
계속 유지한다

늑골과 골반은
멀어지게

옆에서 보면……

XNG

옆에서 보면……

OK

무릎 아래를 돌리려고
엉덩이가 느슨해져서,
발끝이 몸의 뒤쪽으로
가버렸다

엉덩이를 조여서
계속 턴 아웃을
하고 있으므로,
무릎이 똑바로
옆을 향하고 있다

3 발끝을 왼쪽 다리의 무릎 옆에 붙여서
파세를 한 다음, 무릎을 늘린다.

허벅지는
움직이지 않는다

다리를 늘릴 때,
엉덩이가 느슨해지지 않도록.
계속 턴 아웃을 한다!

올바른 롱 드 장브 앙 레르를 위한 연습

롱 드 장브 앙 레르의 핵심이 되는 **장요근**과 **복사근**을 올바르게 사용하기 위한 연습에 도전해봅니다.

복사근을 길게 늘리는 연습

늑골과 골반 사이를 떨어뜨리는 스트레칭으로 복사근을 늘리고, 상체가 뒤로 젖혀지지 않게 척추는 똑바로 오래 유지하는 감각을 익혀봅니다.

1 무릎을 꿇고 앉은 자세에서 엉덩이를 약간 오른쪽으로 틀어서 앉고, 오른손은 오른쪽 다리에 얹는다.

기울인 방향의 옆구리가 찌그러져서 오른쪽 복사근이 짧아져 있다.

상체를 끌어올려서 척추의 만곡을 약간 늘린다

시선은 몸을 숙이고 있는 방향으로

2 상체를 오른쪽으로 기울이면서 왼팔을 천천히 크게 움직여 알라 스공드를 거쳐 앙 오로. 반대쪽 팔로도 한다.

복사근을 지그시 수축하는 느낌으로 한다.
늑골과 골반 사이를 떨어뜨리는 이미지로 복사근을 길게 유지한다

장요근을 강화하는 연습

스트레치 밴드로 강도를 높여서 허벅지를 움직여서 다리를 유지하기 위한
장요근을 강화합니다.

1 천장을 보고 눕고 두 다리를 굽혀서 다리에 스트레치 밴드를 걸어 묶는다.
두 팔은 옆으로.

허리가 구부러져 엉덩이가
바닥에서 떨어지지 않도록 하고,
척추는 똑바로

2 왼쪽 무릎은 움직이지 않고, 오른쪽 무릎만 몸통 쪽으로 쭉 잡아당기고
천천히 돌아온다. 이것을 5회 반복하고, 반대쪽도 똑같이 해준다.

장요근에 힘이
들어가는 것을 느끼면서

엉덩이가 바닥에서
뜨지 않도록

1의 상체를 유지한 채로

NG

엉덩이가 바닥에서 뜨고 척추가 굽어서,
장요근을 사용하지 못한다

장요근으로 허벅지를 유지하기 위한 연습

누워서 체중이 실리지 않은 상태에서 앙 레르를 함으로써 장요근을 수축하여
허벅지를 유지하는 연습을 해봅니다.

1 오른쪽 옆구리를 밑으로 하고 누워서, 오른팔은 위로,
왼손바닥은 바닥에 붙인다. 오른쪽 다리를 파세로 한다.

상체를 끌어올려서
척추의 만곡을
약간 늘린다

왼손바닥으로
바닥을 약간 눌러서
균형을 잡는다

허리는 들어올린 상태

골반이 뒤쪽으로 기울어져, 고관절에 쓸데없는 힘이 들어갔다

2 허벅지는 움직이지 않고 그대로 유지한 채로, 무릎 아래를 뒤에서 앞으로 작게 5번 돌린다.
그런 다음, 앞에서 뒤로도 작게 5번 돌리고 **1~2**를 반대쪽 다리로도 해준다.

장요근으로
허벅지를 유지

어깨와 골반의
스퀘어를 계속 유지한다

허벅지는 움직이지 않고
무릎 아래만 움직인다

척추는
똑바로 유지

허리가 떨어지지 않도록. 바닥에서 띄운 채로

허벅지를 함께 움직여서, 스퀘어가 무너졌다

Q&A   발레와 몸에 대해 조금 더 알고 싶어요

레슨 시간에 몸의 구조를 잘 몰라서, 동작이 잘 되지 않아서 답답했던 것들이 있지요? 발레 해부학 전문가인 사토 아이 선생님이 여러분의 궁금증에 답해드립니다!

Q 한번 붙은 근육은 빠지지 않나요? 허벅지가 두꺼워서 고민이에요.

A 근육은 쓰면 강해지고, 쓰지 않으면 약해집니다. **허벅지가 특히 굵다는 것은, 그곳만 과도하게 사용하고 있을(다른 근육이 해야 할 일을 허벅지가 하고 있을) 가능성이 있다**는 것입니다. 따라서 허벅지 근육을 빼는 것보다는 다른 어떤 근육을 강화하면 허벅지의 일을 줄일 수 있는지를 생각해보기 바랍니다. 또한, 레슨 중 무리하게 턴 아웃을 하면 똑바로 서기 위해 허벅지나 어깨에 쓸데없는 힘이 들어가게 될 수도 있습니다. 턴 아웃도 물론 중요하지만, 우선은 똑바로 서는 것이 중요합니다. 턴 아웃을 약간 풀고, 발바닥으로 바닥을 단단히 누르고 있는지 확인하면서 레슨을 진행하도록 합니다.

Q 레슨 후의 올바른 쿨다운 방법을 알려주세요.

A **쿨다운의 목적은 올라간 심박수를 낮추고, 활성화된 혈류를 원상태로 되돌리는 것입니다.** 레슨 후에 곧바로 바닥에 앉거나 스트레칭을 하면 심박수나 혈류가 돌아오지 않아 몸에 무리가 갈 수 있습니다. 레슨 마지막에 천천히 포르 드 브라를 하는 경우가 있지요. 그것이 사실은 쿨다운입니다. 그래서 그 후에는 자주 사용하는 부위나 발목 등의 관절을

천천히 움직이는 등 약간의 쿨다운을 하면 충분합니다. 다만, 레슨이 갑자기 끝나버릴 때는 레슨 초반에 했던 플리에 앙셴망을 한 번 더 하는 등 약간 긴 쿨다운을 하는 것이 좋습니다. 심박수가 얼마나 올라갔는지에 따라 다르지만, 5~10분 정도가 적당합니다. 스트레칭은 그 후에 하는 것이 좋습니다!

Q 피루에트는 잘하는데, 그랑 푸에테를 너무 못해요.

A 우선, 피루에트는 한 번만 파세로 서면 되지만, 그랑 푸에테는 한쪽 다리를 크게 움직여서 축으로 모으는 동작과 플리에에서 를르베로 서는 동작(상하운동)을 동시에 여러 번 반복해서 해야 합니다. 즉, **움직이는 다리에 끌려가지 않고 서 있을 수 있는 다리의 힘과, 여러 번 업다운을 해야 하는 움직이는 다리의 지구력이 필요하다**는 것입니다. 만약 그랑 푸에테에서 움직이는 다리가 여러 곳으로 움직이거나 플리에가 얕아진다면, 움직이는 다리가 약하다는 증거이므로, 우선 바를 잡고 르티레로 플리에에서 를르베로 서는 동작을 반복하여 올바른 자세를 유지한 채로 상하운동을 할 수 있는지 체크해봅시다. 무리 없이 할 수 있게 되면, 이번에는 롱 드 장브 앙 레르를 하면서 해보세요. 축이 강해지고, 조금씩 체력도 붙을 것입니다.

밴드의 저항이 중력을
대신합니다.
서서 움직이는 것을
상상하면서 해보세요.

프라페

프라페에서 핵심이 되는 것은, 발가락 관절과 종아리 근육.

이 두 가지에 초점을 맞춰서 프라페의 올바른 몸 사용법을 체크해봅니다.

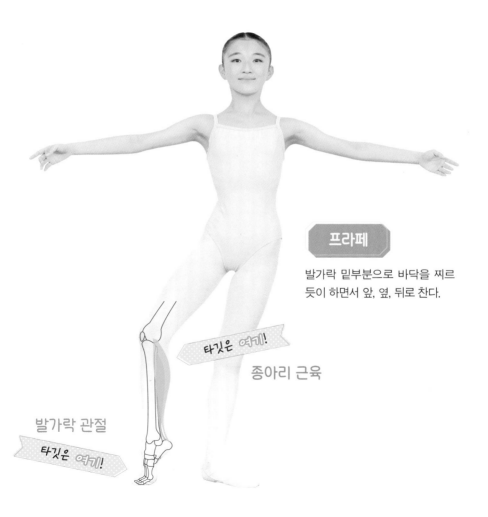

프라페

발가락 밑부분으로 바닥을 찌르듯이 하면서 앞, 옆, 뒤로 찬다.

타깃은 여기!

종아리 근육

발가락 관절

타깃은 여기!

날렵한 움직임을 만드는 발가락 관절

발가락 관절(MP관절)은 발등 쪽으로도 발바닥 쪽으로도, 즉 양방향으로 굽힐 수 있습니다. 발등 쪽으로 최대한 많이 굽히면 드미 포인, 발바닥 쪽으로 굽히면 포인이 됩니다. 발레의 스텝 중에서도 특히 발끝을 작고 날렵하게 움직이는 프라페에서는 발가락 관절이 튼튼하지 않으면 바닥을 사용하지 못하며, 발끝의 높이가 들쭉날쭉해지거나 내민 발끝이 흔들리게 됩니다. 발가락 밑부분으로 바닥을 찌르는 이미지로 발가락 관절을 확실하게 굽히고, 발끝을 날렵하게 바닥에 대는 이미지로 발끝을 늘려서 차봅니다.

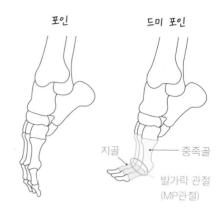

포인　　드미 포인

지골　　　중족골

발가락 관절
(MP관절)

※ 중족골Metatarsals과 지골Phalanges 사이에 있으므로 MP관절이라고 부른다. 중족골과 지골에 대해서는 P. 50을 체크!

뒤에서 본 왼쪽 다리

비복근

가자미근

발목을 늘리는 종아리 근육

발목을 늘릴 때 작용하는 것이 무릎 뒤쪽이나 정강이뼈 뒤쪽, 그리고 발뒤꿈치뼈를 잇는, 종아리 근육(비복근·가자미근)입니다. 이 근육이 약하면, 발목을 빨리 펴지 못해 날렵한 프라페를 할 수 없습니다. 프라페로 무릎과 발끝을 뻗었을 때, 종아리 위쪽이 움직이는 것을 느낄 수 있다면 대성공. 레슨 중에도 의식적으로 종아리 근육이 강화되어 조금씩 조금씩 힘있는 프라페를 할 수 있게 됩니다.

핵심이 되는 **발가락 관절**과 **종아리 근육**을 의식하면서 옆 프라페를 해봅니다.
발을 찰 때 몸이 휘청거리지 않도록, 서 있는 다리로 바닥을 꽉 눌러서 섭니다.

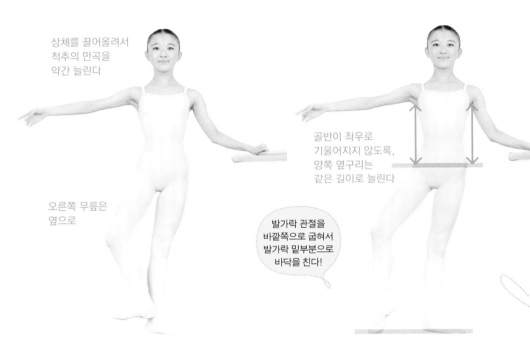

상체를 끌어올려서
척추의 만곡을
약간 늘린다

오른쪽 무릎은
옆으로

골반이 좌우로
기울어지지 않도록,
양쪽 옆구리는
같은 길이로 늘린다

발가락 관절을
바깥쪽으로 굽혀서
발가락 밑부분으로
바닥을 친다!

1 한 손 바의 5번 포지션으로 서서, 오른팔은 앙 바에서 아 나방을 거쳐서 알 라 스공드로. 동시에 오른쪽 다리를 옆 탕뒤하고, 다리를 굽혀서 발뒤꿈치를 서 있는 다리의 안쪽 복숭아뼈에 붙여서 플렉스한다.

2 오른쪽 다리를 옆으로 내밀면서, 발가락 밑부분으로 바닥을 친다.

확대해서 보면……

발목은 굽혀져
있다

발가락 관절은
뻗고 있다

확대해서 보면……

발목은 늘어나
있다

발가락 관절이
발등 쪽으로 구부러진
드미 포인 상태

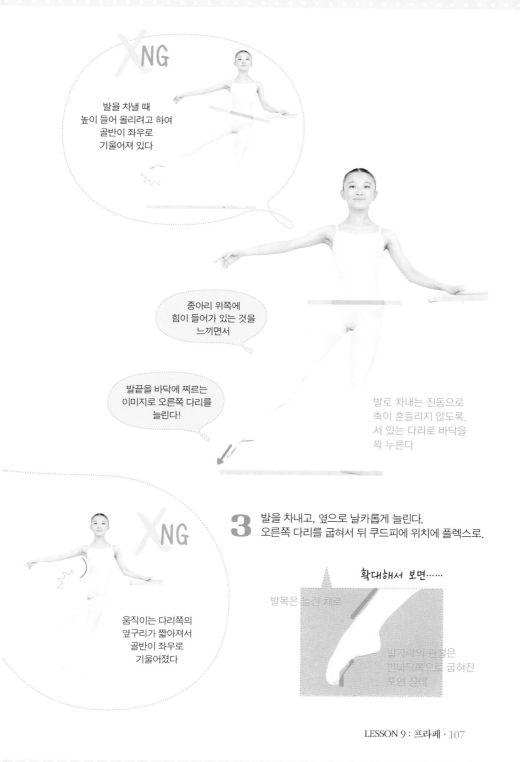

3 발을 차내고, 옆으로 날카롭게 늘린다.
오른쪽 다리를 굽혀서 뒤 쿠드피에 위치에 플렉스로.

올바른 프라페를 위한 연습

프라페의 핵심이 되는, **발가락 관절**과 **종아리 근육**을 바르게 사용하기 위한 연습을 해봅니다.

발가락 관절을 움직이기 위한 연습 ①

고무 밴드를 사용한 연습으로, 발가락 관절을 움직이는 감각을 익혀봅니다.

1 무릎을 꿇고 앉아서 오른쪽 다리를 세운다. 오른발의 엄지발가락에 고무 밴드를 걸고 두 손으로 잡는다.

상체를
끌어올려서
척추의 만곡을
약간 늘린다

X NG

자기 힘으로 발가락
관절을 굽혀서,
발목의 '힘줄'이
나와버렸다

발목의 '힘줄'이 나오지 않도록, 발가락을
자기 힘으로 올리지 않는다

※ 발목의 '힘줄'에 대해서는 P. 47을 체크!

2 고무 밴드를 두 손으로 위로 끌어 당겨 엄지발가락을 위로 올린다.

3 엄지발가락으로 고무 밴드를 아래로 내리고, **2-3**을 5회 반복한다. 모든 발가락을 해주고, 반대쪽 발도 똑같이 해준다. 무리하지 않고도 가능해지면 고무 밴드를 이중으로 하여 저항을 높여서 연습한다.

발가락 관절을 움직이기 위한 연습 ②

속도감 있게 드미 포인에서 포인으로 늘리는 연습을 통해 발가락을
재빨리 움직이는 연습을 해봅니다.

1 의자에 앉아, 두 손을 허리에 댄다.
왼발을 드미 포인으로.

상체를
끌어올려서
척추를 똑바로

앞에서 보면……

OK

엄지발가락과 새끼발가
락의 중족골두가 바닥에
닿아 있고, 발목을 똑바
로 늘리고 있다.

NG

새끼발가락의 중족골두
가 바닥에서 떠서 발목을
똑바로 늘리지 못했다

2 발가락 밑부분으로 재빨리 바닥을 누르
고, 발끝을 늘린다. 1~2를 10회 반복한
다. 반대쪽도 똑같이 해준다.

발가락 관절을 굽혀서
발끝을 늘린다.
발등으로 공을 가볍게
차는 이미지

종아리 근육을 강화하는 연습

천천히 를르베 업을 반복하여, 발목을 늘리는 종아리 근육을 강화합니다.

1 양손 바 6번 포지션으로 선다.

2 천천히 발뒤꿈치를 들어 올린다.

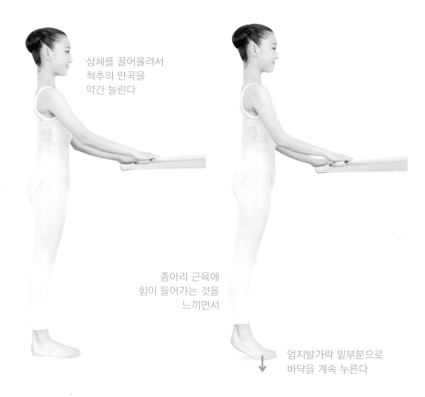

상체를 끌어올려서
척추의 만곡을
약간 늘린다

종아리 근육에
힘이 들어가는 것을
느끼면서

엄지발가락 밑부분으로
바닥을 계속 누른다

3 드미 포인으로. **1~3**을 5~10회 반복한다.

골반에 올라앉아버려서,
등이 떨어지고 배가 나
와 있다

무릎이 풀려서
종아리 근육을
사용하지 못한다

앞에서 보면……

발뒤꿈치를
똑바로 위로 올리고,
발목을 끝까지 늘린다

OK

엄지발가락 밑부분으
로 똑바로 바닥을 누르
르고 있다

NG

바닥을 꽉 누르고
있지 않으므로, 쓸
데없는 힘이 들어
가서 발목의 '힘줄'
이 나와 있다

NG

엄지발가락 밑부
분으로 똑바로 바
닥을 누르고 있지
않으므로, 발목을
똑바로 늘리지 못
한다

Q&A 발레와 몸에 대해 조금 더 알고 싶어요

레슨 시간에 몸의 구조를 잘 몰라서, 동작이 잘 되지 않아서 답답했던 것들이 있지요? 발레 해부학 전문가인 사토 아이 선생님이 여러분의 궁금증에 답해드립니다!

Q 일주일에 네 번 수업을 듣는데 수업 후반부쯤 되면 숨이 차고 심장이 두근거립니다. 체력이 부족해서 그런가요?

A 수업의 후반부라는 것은, 예를 들어 그랑 알레그로나 왈츠를 하고 있을 때를 말하는 것 같습니다. **그런 앙셴망은 곡도 길어지고, 수업 중 가장 체력을 많이 소모하기 때문에 숨이 차는 것은 당연합니다.** 오히려, 온몸을 제대로 사용하여 레슨을 받았다면 바 워크 중반에 땀을 뻘뻘 흘리고 바 워크의 마지막인 그랑 바트망에서 숨이 가빠지는 것이 당연합니다. 바 워크는 발레 연습이기도 하지만 운동이기도 하니까요. 다만, 일주일에 4번 수업을 들으면서 매번 수업이 끝날 때마다 심장이 두근거리고, 왼쪽 앙셴망을 할 때면 정신이 아득해지는 상태라면, 약간 체력 강화를 하는 것이 좋겠지요.

Q 평발을 교정하는 방법을 알려주세요.

A 사실, 발바닥의 아치는 7살쯤에 완성됩니다. 아기 때는 누구나 평발인거죠. 아치가 완성되기 전이나 완성된 지 얼마 되지 않았을 때 무리하게 턴 아웃을 하거나 발바닥 마사지, 발등 스트레칭을 과도하게 하면 아치를 지탱하는 인대가 늘어나서 평발이 되기 쉽습니다. 따라서 **우선은 '바르게 선다', '발바닥을 바르게 사용한다'는 생각으로 레슨을 받는 것**

이 더 중요하며, 그것이 향후 평발 개선에도 도움이 됩니다. P. 54~57에서 소개한 발바닥을 강화하는 연습도 추천합니다.

Q 점프력을 키우려면 어떻게 해야 하나요?

A 발레의 점프는 아주 간단하게 말하면 플리에와 탕뒤의 조합입니다. 플리에에 더해 발끝이 바닥을 문지르는 동작(탕뒤)을 지면 방향으로 하면 그것이 점프입니다. 즉, **바 워크에서 열심히 플리에와 탕뒤를 연습하면, 점프력은 저절로 좋아지게 되어 있습니다.** 탕뒤의 정식 명칭인 '바트망 탕뒤'의 바트망은 '치다', 탕뒤는 '팽팽하다'라는 뜻의 프랑스어이기 때문에 치듯이 '힘차게 탕!' 하고 탕뒤를 하는 것이 올바른 탕뒤입니다. '힘차게 탕!'이라는 이미지를 머릿속에 그리면서 바 워크를 하는 것만으로도 점프력이 많이 좋아집니다.

약간 뒤로 젖히는 듯한 느낌으로. 그래 그래, 좋아요!

프티 바트망

프티 바트망에서 핵심이 되는 것은, 발목과 허벅지 뒤쪽 근육.

이 두 가지에 초점을 맞춰서 올바른 몸 사용법을 체크해봅니다.

프티 바트망

무릎 아래만 움직여서
앞과 뒤 쿠드피에를 반복한다.

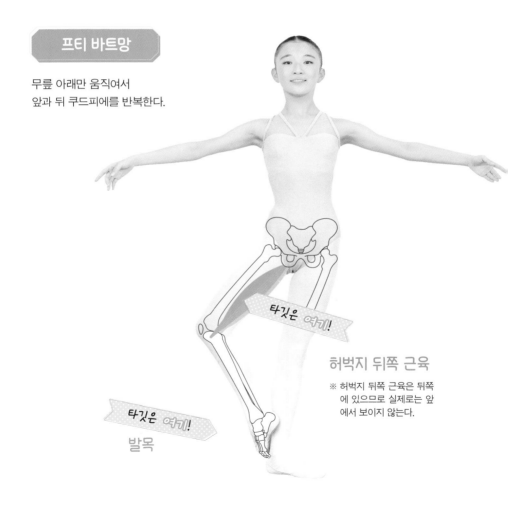

타깃은 여기!

허벅지 뒤쪽 근육

※ 허벅지 뒤쪽 근육은 뒤쪽
   에 있으므로 실제로는 앞
   에서 보이지 않는다.

타깃은 여기!

발목

전후좌우로 굽혀지는 발목

발목(족관절)은 앞뒤뿐만 아니라 좌우로도 굽힐 수 있습니다. 프티 바트망에서 실시하는 쿠드피에(서 있는 다리의 발목을 움직이는 발로 감싸는 쉬르 르 쿠드피에 자세※1)는, 발목을 앞으로 굽혀서 포인을 한 다음, 약간 바깥쪽으로 굽힌 상태(그림★). 이때, 서 있는 다리를 감싸려고 발목을 바깥쪽으로만 구부리고 포인을 잊어버리면, 발목 앞쪽이 수축하여 발목의 '힘줄※2'이 나오거나 움직이는 다리의 발끝이 턴인이 되어버리기도 합니다. 포인을 하는 것을 잊지 말고 발목 앞쪽과 안쪽, 양쪽을 늘려서 쿠드피에를 합니다.

※1 쉬르 르 쿠드피에가 아니라 일반적인 쿠드피에로 하기도 한다
※2 발목의 '힘줄'에 대해서는 P. 47을 체크!

위에서 본 포인 상태의 오른발

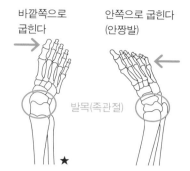

바깥쪽으로 굽힌다

안쪽으로 굽힌다 (안짱발)

발목(족관절)

★

옆에서 본 오른발

앞으로 굽힌다(포인)

뒤도 굽힌다(플렉스)

뒤에서 본 그림

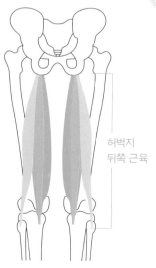

허벅지 뒤쪽 근육

다리를 굽히는 허벅지 뒤쪽 근육

다리를 굽혀서 무릎 아래를 움직일 때 작용하는 것이 골반과 정강이뼈를 잇는 허벅지 뒤쪽 근육(햄스트링). 프티 바트망은 다리를 굽힌 채로 무릎 아래를 반복해서 움직이는 스텝이므로, 항상 허벅지 뒤쪽 근육을 사용하지 않으면 무릎 아래를 빠르게 움직이지 못하거나, 쓸데없이 다리 전체를 크게 움직이게 되어 올바른 프티 바트망을 할 수 없습니다. 허벅지 뒤쪽 근육을 꽉 조여주는 이미지로 다리를 굽히고 무릎 아래를 재빠르게 움직여서 프티 바트망을 합니다.

※ 허벅지 뒤쪽 근육은 대퇴이두근, 반건양근, 반막양근의 세 종류로 이루어져 있다.

프티 바트망

핵심이 되는 **발목**과 **허벅지 뒤쪽 근육**을 의식하면서 프티 바트망을 해봅니다.
다리의 움직임에 너무 집중하여 상체가 흔들리지 않도록 양쪽 옆구리를 위아래로
계속 잡아당기면서 길게 유지합니다.

1 한 손 바의 5번 포지션으로 서고, 오른팔은 앙 바에서 아 나방을 거쳐 알 라 스공
드로. 동시에 오른쪽 다리를 옆으로 탕뒤하여, 다리를 굽혀서 오른발의 발바닥
으로 왼쪽 다리 발목을 감싸서 쿠드피에로.

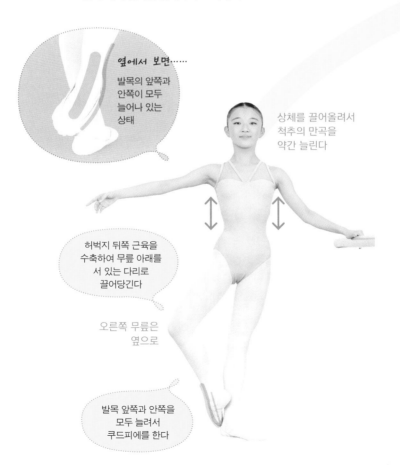

옆에서 보면……
발목의 앞쪽과
안쪽이 모두
늘어나 있는
상태

상체를 끌어올려서
척추의 만곡을
약간 늘린다

허벅지 뒤쪽 근육을
수축하여 무릎 아래를
서 있는 다리로
끌어당긴다

오른쪽 무릎은
옆으로

발목 앞쪽과 안쪽을
모두 늘려서
쿠드피에를 한다

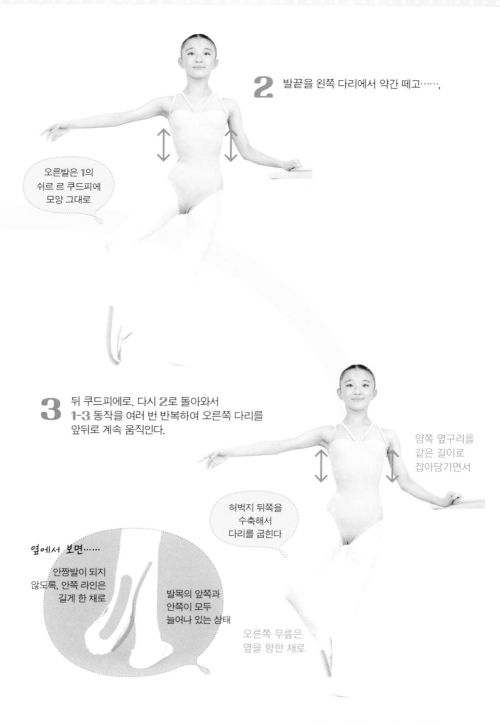

2 발끝을 왼쪽 다리에서 약간 떼고……,

오른발은 **1**의
쉬르 르 쿠드피에
모양 그대로

3 뒤 쿠드피에로. 다시 **2**로 돌아와서
1-3 동작을 여러 번 반복하여 오른쪽 다리를
앞뒤로 계속 움직인다.

양쪽 옆구리를
같은 길이로
잡아당기면서

허벅지 뒤쪽을
수축해서
다리를 굽힌다

옆에서 보면……

안짱발이 되지
않도록, 안쪽 라인은
길게 한 채로

발목의 앞쪽과
안쪽이 모두
늘어나 있는 상태

오른쪽 무릎은
옆을 향한 채로

앞 or 뒤에서 다리를 잘금잘금 치는
바트망 바튀

바트망 바튀는 앞과 뒤 쿠드피에를 반복하는 프티 바트망과 비슷합니다. 앞 쿠드피에,
또는 뒤 쿠드피에 포지션으로 서 있는 다리를 잘금잘금 치는 동작으로, 포인이나 드미
포인으로 서서 실시합니다. 처음에는 느리게 하고, 익숙해지면 조금씩 속도를 높여갑
니다.

〈앞 바트망 바튀〉

한 손 바에서 오른발 앞 5번 포지션의 드미 포인으로 서서, 오른팔은 아 나방, 오른쪽
다리를 앞 쿠드피에로.
오른쪽 다리의 무릎 아래만 움직여서, 발끝으로 왼쪽 다리의 안쪽 복숭아뼈를 잘금잘
금 친다.

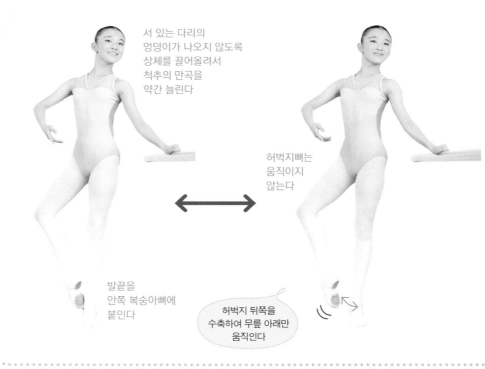

서 있는 다리의
엉덩이가 나오지 않도록
상체를 끌어올려서
척추의 만곡을
약간 늘린다

허벅지뼈는
움직이지
않는다

발끝을
안쪽 복숭아뼈에
붙인다

허벅지 뒤쪽을
수축하여 무릎 아래만
움직인다

〈뒤 바트망 바튀〉

한 손 바 5번 포지션의 포인으로 서서, 오른팔은 아 나방, 오른쪽 다리를 뒤 쿠드피에로. 오른쪽 다리의 무릎 아래만 움직여서, 발뒤꿈치와 왼쪽 다리 발목 뒤쪽을 잘금잘금 친다.

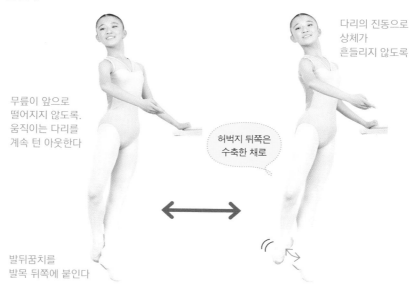

무릎이 앞으로 떨어지지 않도록. 움직이는 다리를 계속 턴 아웃한다

허벅지 뒤쪽은 수축한 채로

다리의 진동으로 상체가 흔들리지 않도록

발뒤꿈치를 발목 뒤쪽에 붙인다

뻣뻣해진 정강이 근육을 풀어보자!

쉬르 르 쿠드피에에서는 정강이 바깥쪽 근육(비골근)을 사용합니다.
수업 후에 그대로 두면 근육이 수축된 채로 굳어져서 발목이 롤-인 되는 원인이 됩니다.
수업 후에는 폼롤러를 사용하여 사용한 근육을 풀어주어야 합니다.

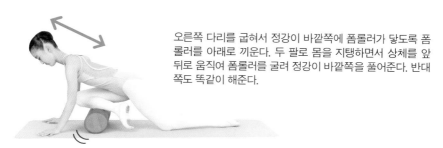

오른쪽 다리를 굽혀서 정강이 바깥쪽에 폼롤러가 닿도록 폼롤러를 아래로 끼운다. 두 팔로 몸을 지탱하면서 상체를 앞뒤로 움직여 폼롤러를 굴려 정강이 바깥쪽을 풀어준다. 반대쪽도 똑같이 해준다.

올바른 프티 바트망을 위한 연습

프티 바트망으로 **발목**과 **허벅지 뒤쪽 근육**을 바르게 사용하기 위한 연습을 해봅니다.

발목을 바르게 움직이기 위한 연습

펜으로 발끝의 움직임을 체크하면서, 발목을 바르게 움직이는
감각을 익혀봅니다.

1 두 다리를 쭉 뻗고 앉아서 왼쪽 다리를 구부린다.
오른쪽 발끝을 펴고, 발목 한가운데와
세 번째 발가락을 이은 선 위에 펜을 세로로 세운다.

새끼발가락이 올라가고
엄지발가락이 내려가 발끝이
안쪽으로 무너졌다.

2 무릎과 발목의 한가운데, 세 번째
발가락이 일직선이 되도록, 발끝을
곧게 펴고 있는지 체크

3 펜을 움직이지 않고, 발끝이 바깥쪽으로 향하도
록, 발목을 바깥쪽으로 돌린다. 엄지발가락과 새
끼발가락의 중족골두가 같은 높이에 있는지 체
크. **1~3**을 반대쪽 발도 실시한다.

허벅지 뒤쪽 근육을 강화하는 연습

공을 무릎 뒤쪽에 끼운 상태에서 다리를 올렸다 내렸다 하여 허벅지 뒤쪽 근육을 강화합니다.

머리를 위로 잡아당기듯이, 상체를 끌어올려서

1 두 손과 두 다리를 바닥에 대고, 왼쪽 무릎 뒤쪽에 연습용 공을 놓는다.

허벅지 뒤쪽 근육에 힘이 들어가는 것을 느끼면서

2 무릎은 붙인 채로, 오른쪽 무릎 아래를 끌어당겨서 공을 꽉 끼운다.

허리가 굽거나 젖혀지지 않도록, 등을 곧게 유지

3 공을 끼운 채로 왼쪽 다리를 천천히 위로 들어올리고, 천천히 내린다. **2~3**을 5~10회 반복하고, 반대쪽도 똑같이 해준다.

공이 떨어지지 않도록, 계속 꾹 누른다

Q&A 발레와 몸에 대해 조금 더 알고 싶어요

레슨 시간에 몸의 구조를 잘 몰라서, 동작이 잘 되지 않아서 답답했던 것들이 있지요? 발레 해부학 전문가인 사토 아이 선생님이 여러분의 궁금증에 답해드립니다!

Q 발레를 시작한 지 반년이 되었는데, 빨리 포인트 슈즈를 신고 싶어요. 어떻게 하면 포인트 슈즈를 신을 수 있을까요?

A 누구나 식칼을 가질 수 있지만, 올바른 사용법을 모른 채 식칼을 사용하면 손을 베일 수도 있고, 채소를 깔끔하게 자를 수도 없죠. 마찬가지로, **포인트 슈즈를 신을 수 있는 것과 포인트 슈즈를 신고 아름답고 안전하게 발레를 할 수 있는 것은 전혀 다른 문제입니다.** 포인트 슈즈를 신고 안전하게, 그리고 아름답게 발레를 하고 싶다면, 레슨을 열심히 받는 것이 가장 좋은 방법입니다. 올바른 서는 법과 몸 사용법을 어느 정도 익히는 것이 중요합니다. 참고로 아메리칸발레시어터ABT의 무용수 미스티 코플랜드Misty Copeland가 발레를 시작한 것은 13살 때였다고 합니다. 일찍 포인트 슈즈를 신지 않았다고 해서 발레리나가 될 수 없는 것은 아닙니다.

....

Q 저의 뼈가 원래 그런 모양이기는 하지만, 항상 엉덩이가 튀어나와 보여요. 엉덩이가 튀어나온 것을 고치고 싶어요.

A 확실히 골격에는 개인차가 있습니다. 다만, 발레로 인해 엉덩이가 나오는 이유는 골격보다는 배 근육이 약하기 때문인 경우가 더 많습니다. **배 근육이 약하면 척추(여기서 말하는 척추란 허리에 있는 뼈)를 올바른**

위치에 고정하지 못해, 허리가 젖혀져서 결과적으로 엉덩이가 튀어나와 보이게 되는 것입니다. 이런 경우에는 엉덩이를 집어넣으려고 노력하기보다 배 근육을 강화하고 척추를 길게 위로 늘리는 것을 언제나 의식하는 것이 더 빨리, 그리고 안전하게 나온 엉덩이를 교정하는 방법입니다. 이것은 발레의 기본적인 끌어올리기이기도 하니 절대 잊으면 안 됩니다.

Q 프티 바트망이나 바튀 같은 세세한 발놀림이 힘들어요. 연습법을 알려주세요.

A 우선, 세세한 스텝의 '무엇'을 못하는지, '왜' 못하는지 생각해봅시다. 예를 들어, 아무리 의식해도 세세하게 다리를 움직이지 못하는 것인지, 아니면 세세하게 움직이려고 하면 상체에 힘이 들어가는 것인지 등 여러 가지를 생각해볼 수 있습니다. 또한, 프티 바트망과 바튀는 비슷하지만, 서로 다른 스텝입니다. 둘 다 공통적으로 못하는 것이 있는지, 아니면 프티 바트망의 '여기'와 바튀의 '여기'가 안 되는 것처럼 두 가지 어려움이 있는지, 그에 따라 연습법도 달라집니다. **잘 못하는 부분을 극복하는 첫걸음은, '무엇을' '어떻게' 못하는지 이해하는 것! 자신의 발레 동작을 동영상으로 찍어보고, 관찰하고, 무엇이 약한지, 무엇을 못하는지 생각해봅시다. 그것만으로도 답을 찾을 수 있을지도 모릅니다!**

골반이 기울어서
몸이 틀어지지 않도록!

데블로페

데블로페에서 핵심이 되는 것은, 장요근과 엉덩이의 근육.

이 두 가지에 초점을 맞춰서 올바른 몸 사용법을 체크해봅니다.

데블로페

한쪽 다리를 르티레,
아티튀드를 거치면서,
앞, 옆, 뒤로 천천히 늘린다.

장요근

타깃은 *여기*!

타깃은 *여기*!

엉덩이 근육

※ 장요근은 골반의 안쪽을 통과한다

허벅지뼈를 지탱하는 장요근

앞이나 옆 데블로페로 다리를 높이 올
리려고 허벅지 앞쪽 근육에 힘을 주거나
허리를 굽히고 있지는 않나요? 그 원인
은 척추와 골반과 허벅지뼈를 연결하는
장요근*을 사용하지 못하기(수축시키고
있지 못하기) 때문입니다. 데블로페를
할 때는 허벅지 앞쪽 근육이 아닌, 배 안
쪽에 있는 장요근으로 허벅지를 지탱한
다고 생각해야 합니다. 장요근을 수축시
켜 허벅지뼈를 계속 잡아주면 무리한 힘
을 주지 않고 바른 자세로 다리를 높게
들어 올릴 수 있습니다.

※ 장요근에 대해서는 P. 92에서도 소개하고
　있습니다. 체크하세요!

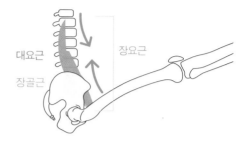

옆에서 본 그림

대요근
장요근
장골근

※ 오른쪽 다리를 앞으로 들어
　올리고 있는 상태

뒤에서 본 그림

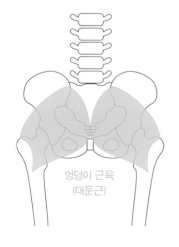

엉덩이 근육
(대둔근)

다리를 뒤로 들어올리는 엉덩이 근육

뒤 데블로페에서 작용해야 할 올바른 근육은, 골반
과 허벅지뼈를 연결하는 엉덩이의 큰 근육(대둔근)
입니다. 다리를 들어 올렸을 때 배가 벌어지거나 들
어 올린 다리가 바로 뒤에서 바깥쪽으로 빠져버린다
면 이 근육을 제대로 사용하지 못하고 있다는 증거
입니다. 좌우의 엉덩이 근육을 가운데로 모아주는
이미지로 데블로페를 해봅시다.

핵심이 되는 **장요근**과 **엉덩이의 근육**을 의식하면서 실시합니다. 데블로페는 프랑스어로 '발전하다'라는 의미이므로, 움직임을 계속 발전시켜서 일련의 움직임이 될 수 있도록 머릿속에 새겨둡시다.

상체를 끌어올려서
척추의 만곡을
약간 늘린다

1 한 손 바에서 오른발 앞 5번 포지션으로 서고, 오른팔은 앙 바에서 아 나방으로. 동시에 오른쪽 다리를 르티레로 한다.

르티레로
움직임을
멈추지 않는다

배의 안쪽에 있는 장요근으로
허벅지를 들어 올린다.
허벅지 앞쪽에
힘이 들어가지 않도록

오른쪽
무릎은 옆으로

움직이는 다리는
계속 움직인다

2 오른팔을 알 라 스공드로 펼치는 동시에 오른쪽 다리를 앞으로 늘려간다.

1의 상체를
유지한 채로

옆에서 보면……

○ OK   ✕ NG

장요근을 사용하여
다리를 들어 올리고
있으므로, 상체가
끌어올려져 있다

장요근을 사용하고
있지 않으므로,
허리가
구부정해졌다

무릎 아래는
길게 멀리
늘린다

장요근이 풀려서,
척추가 굽지 않도록
장요근으로
허벅지를 지탱한다!

3 무릎을 끝까지 늘린다. 오른발 앞 5번 포지션으로 다리를 내린다.

오른쪽 다리,
오른팔은
계속 움직인다

1 한 손 바에서 오른발 앞 5번 포지션으로
서고, 오른팔은 앙 바에서 아 나방으로. 동
시에 오른쪽 다리를 르티레로 한다.

2 오른팔을 알 라 스공드로 펼치는 동시에
오른쪽 다리를 뒤로 늘려간다.

양쪽 옆구리는
같은 길이를 유지한 채,
상체를 계속 끌어올린다

배 안쪽에 있는
장요근으로
허벅지를 들어 올린다

무릎 아래는
계속 멀리 뻗어낸다

3 다리를 끝까지 늘린다. 왼발 앞 5번 포지션
으로 다리를 내린다.

장요근을 수축한 채로,
허벅지의 높이를 유지

움직임이 멈추지 않도록,
천천히 계속 움직인다

척추의 만곡을 약간 늘려준다

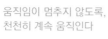

1 한 손 바에서 왼발 앞 5번 포지션으로
서고, 오른팔은 앙 바에서 아 나방으로.
동시에 오른쪽 다리를 뒤 르티레로 한
다.

시선은 오른손
방향을 본다

2 오른팔을 알 라 스공드로 펼치는 동시에
오른쪽 다리를 뒤로 늘려간다.

좌우의 엉덩이 근육을
한가운데로 끌어모은다

허리가 젖혀지지 않도록,
1의 상체를 유지한 채로

허벅지의 맨 위를
엉덩이 한가운데에
얹어가는 이미지로

엉덩이 근육을 모으지
않고 허리를 젖혀서
올리려 한다

다리가 뒤쪽 한가운데에서
벗어나지 않도록 의식한다

골반은 약간
앞으로
기울어도 된다

3 다리를 끝까지 늘린다.
왼발 앞 5번 포지션으로
다리를 내린다.

올바른 데블로페를 위한 연습

데블로페로 **장요근**과 **엉덩이의 근육**을 바르게 사용하기 위한 연습을 해봅니다.

엉덩이 근육을 강화하는 연습

밴드로 강도를 높여 뒤 데블로페와 같은 움직임을 반복하여, 엉덩이 근육을 강화합니다.

1

머리를 위로 잡아당기듯이,
상체를 끌어올려서

척추는 똑바로

왼쪽 다리는
약간 턴 아웃한 상태

무릎을 바닥에 대고 두 발에 고리로 만든 밴드를 건 다음, 두 손은 바닥을 짚는다. 왼쪽 다리를 오른쪽 발목 위에 얹는다.

2

엉덩이 근육에
힘이 들어가는 것을 느끼면서

발끝부터 움직이는
것이 아니라,
무릎이 들어 올려지는
이미지로 움직인다

다리를 굽힌 채로,
왼쪽 다리를 위로 들어 올린다.

3

허리가 젖혀지지 않도록 등을 똑바로 유지

왼쪽 다리를 뒤로 쭉 펴서,
천천히 **1**로 돌아온다.
1~3을 5회 반복하고,
반대쪽도 똑같이 해준다.

장요근을 강화하는 연습 ①

밴드로 강도를 높여서 허벅지를 움직여 장요근을 강화시켜봅니다.
먼저, 앞 데블로페와 같은 형태(자세)로 진행합니다.

1 바의 기둥에 스트레치 밴드를 고리처럼 묶는다. 천장을 보고 누워서 오른쪽 다리를 굽혀서 밴드를 건다.

움직이는 다리의 허벅지와
상체가 90도가 되도록

두 손은 편한 위치에 둔다

두 다리는 나란히

2 오른쪽 다리를 몸쪽으로
쭉 끌어당겨간다.

계속 움직인다

허리가 굽지 않도록
머리를 위로 끌어올린다

3 거기에서 허벅지를 유지한 채로 다리를 약간
늘린다. 천천히 **1**로 돌아온다. 이것을 3~5회
반복한다. 반대쪽도 똑같이 해준다.

장요근에 힘이
들어가는 것을 느끼면서

허리가 굽지 않도록

장요근을 강화하는 연습 ②

다음으로, 옆 데블로페와 같은 형태(포지션)로 해봅니다.

1 바의 기둥에 스트레치 밴드를 고리처럼 묶는다. 오른쪽 옆구리를 아래로 하여 눕고, 오른손을 바닥에 붙이고, 왼쪽 다리를 굽혀서 밴드를 건다.

움직이는 다리의 허벅지와
상체가 90도가 되도록

왼손바닥을 바닥에 붙여서 몸을 지탱한다. 오른팔은 위쪽으로 늘린다

2 왼쪽 다리를 몸쪽으로 쭉 끌어당겨간다.

움직이는 다리는 계속 움직인다

장요근이 수축되어가는 것을 느끼면서

3 거기에서 허벅지를 유지한 채로 다리를 약간 늘린다. 천천히 **1**로 돌아온다. 이것을 3~5회 반복한다. 반대쪽도 똑같이 해준다.

장요근은 수축한 채로,
허벅지를 지탱!

오른쪽 허리가 바닥으로 떨어지지 않도록

Q&A 발레와 몸에 대해 조금 더 알고 싶어요

레슨 시간에 몸의 구조를 잘 몰라서, 동작이 잘 되지 않아서 답답했던 것들이 있지요? 발레 해부학 전문가인 사토 아이 선생님이 여러분의 궁금증에 답해드립니다!

Q 데블로페를 할 때, 플리에를 하면서 하면 높이 올릴 수 있지만, 다리를 펴는 순간 다리가 떨어져버려요. 왜 그럴까요?

A 아주 좋은 점을 질문하셨네요! 서 있는 다리를 플리에하면 다리가 높게 올라가는(것처럼 보이는) 것은, 플리에를 할 때 골반이 뒤로 쓰러진 상태가 되기 쉽기 때문이에요. 즉, 데블로페에서 **플리에를 할 때 무의식적으로 '골반을 뒤로 쓰러뜨린다'는 약간의 꼼수를 쓰고 있으며, 다리를 바르게 올리고 있지 않다는 뜻입니다.** 플리에를 하면서 늘렸을 때의 다리 높이가 당신이 꼼수를 쓰지 않고 올릴 수 있는 높이가 되어야 합니다. 먼저, 플리에를 하지 않은 상태에서 움직이는 다리를 끝까지 늘리는 데블로페 연습을 해봅시다. 조금씩 조금씩 다리를 바르게, 높이 들어 올리는 힘이 생길 것입니다.

Q 피루에트에서 파세를 하고 있는 다리의 발끝이 서 있는 다리에서 떨어져버려요. 어떻게 해야 하나요?

A 서 있는 다리에서 발끝이 떨어지는 것은, 다리를 굽히고 무릎 아래를 잡아주는 허벅지 뒤쪽 근육(햄스트링)의 힘이 원심력을 이기지 못해, 르티레의 무릎 각도가 부족해졌다는 뜻입니다. P. 121에서 소개한 허벅지 뒤쪽 근육 강화 훈련으로 르티레를 유지하는 근육을 키워봅니다. 또한,

파세 밸런스를 할 때, 르티레의 발끝을 슬개골에 걸치고 균형을 잡고 있다면, 그것은 허벅지 뒤쪽을 사용하지 않고 있다는 증거입니다. 확실하게 스스로의 힘으로 르티레를 할 수 있도록 노력합니다.

Q 내전근 스트레칭은 180도를 할 수 있는데, 그랑 주테에서는 180도로 다리를 열지 못합니다.

A 내전근 스트레칭은 바닥에서 하는 것이기 때문에 자기 힘으로 여는 것이 아닙니다. 어디까지나 수동적인 스트레칭으로, 바닥이 지지해주는 상태에서의 고관절 가동범위라고 보시면 됩니다. 따라서 **스플릿이나 림버링 등에서 180도로 여는 것과 자기 근육의 힘만으로 180도를 열 수 있는지는 별개입니다.** 그랑 주테에서 필요한 것은 '그랑 바트망처럼 강하고 빠르게 다리를 올리는 동작', '빠른 데블로페 동작', 그리고 '공중에서 두 다리를 벌릴 수 있을 정도의 점프력', 이 세 가지입니다. 이 모든 것은 제대로 된 레슨을 받으면 커버할 수 있는 것이므로, 날렵한 움직임으로 빠르게 다리를 움직일 수 있는 근력을 길러야 합니다.

허리를 굽히지 않도록 주의하세요.
더 위로 올릴 수 있어요!

Lesson 12

그랑 바트망

그랑 바트망에서 핵심이 되는 것은, 광배근과 다리 근육.

이 두 가지에 초점을 맞춰서 올바른 몸 사용법을 체크해봅니다.

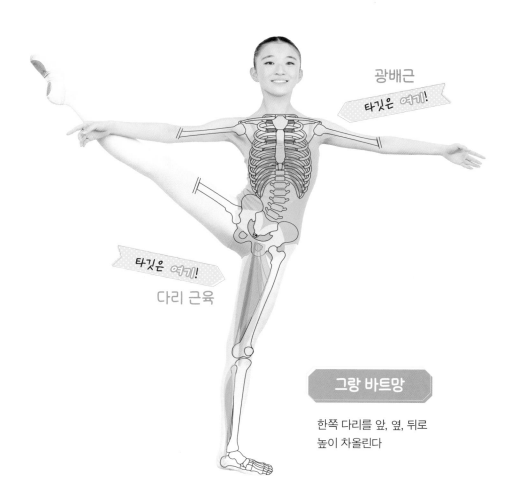

광배근
타깃은 여기!

타깃은 여기!
다리 근육

그랑 바트망

한쪽 다리를 앞, 옆, 뒤로
높이 차올린다

상체를 지탱하는 광배근

광배근은 등 전체를 덮고 있으며 골반에서 척추, 늑골, 팔까지 연결하는 큰 근육입니다. 따라서 이 근육을 사용하지 못하면 그랑 바트망을 할 때 다리의 움직임에 이끌려서 팔이 떨어지거나 상체가 휘청거리게 됩니다. 광배근을 넓게 유지하여 골반에서 척추, 늑골, 팔까지 길게 이어지도록 의식하면서 그랑 바트망을 합니다. 그러면 등부터 팔을 움직이는 감각도 느낄 수 있습니다.

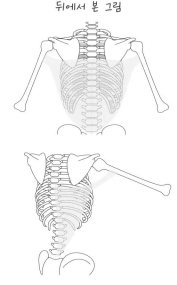

뒤에서 본 그림

비스듬히 뒤에서 본 그림

뒤에서 본 그림

엉덩이 근육 (대둔근)

허벅지 뒤쪽 근육

허벅지 안쪽 근육 (내전근)

종아리 근육

서 있는 다리를 강화하는 다리의 근육

다리에는, 지금까지 소개한 엉덩이 근육이나 허벅지 뒤쪽 근육, 허벅지 안쪽 근육, 종아리 근육 등 많은 근육이 붙어 있습니다. 이들 근육은 하나하나가 독립적으로 작용하는 것이 아니라, 예를 들어 허벅지 뒤쪽 근육이 수축하는 동시에 허벅지 앞쪽 근육이 늘어나는 것처럼, 모두 서로 연관되어 있습니다. 즉, 다리의 모든 근육이 동시에 작용함으로써 그랑 바트망의 큰 움직임을 견딜 수 있는 강한 서 있는 다리가 만들어지는 것입니다. 발바닥으로 바닥을 누르고, 다리는 나무 둥치처럼 위로 뻗어 올라가는 이미지로 위아래로 끌어당겨서 서 있는 다리를 강화해봅니다.

앞 그랑 바트망

핵심이 되는 **광배근**과 **다리의 근육**을 의식하면서 실시합니다. 골반은 항상 서 있는 다리 위에 얹은 채로, 움직이는 다리에 끌려가지 않도록 주의합니다. 다리를 내릴 때마다 확실하게 5번 포지션으로 돌아옵니다.

1 한 손 바에서 오른발 앞 5번 포지션으로 서고, 오른팔을 앙 바에서 아 나방을 거쳐서 알라 스공드로. 바닥을 차면서 오른쪽 다리를 앞 탕뒤한다.

상체를 끌어올려서 척추의 만곡을 약간 늘린다

발바닥으로 바닥을 눌러, 서 있는 다리가 나무 둥치처럼 위로 뻗어올라가는 이미지로 위아래로 끌어당긴다!

2 강하고 높게 차올리고, 5번 포지션으로 돌아온다.

광배근을 넓게 유지하여, 골반에서 팔까지를 길게 연결한다!

상체는 약간 젖힌다

X NG

광배근이 수축하여 오른쪽 어깨가 뒤로 기울어져 있다

움직이고 있는 다리에 끌려가지 않도록, 서 있는 다리는 위아래로 강하게 잡아당긴다

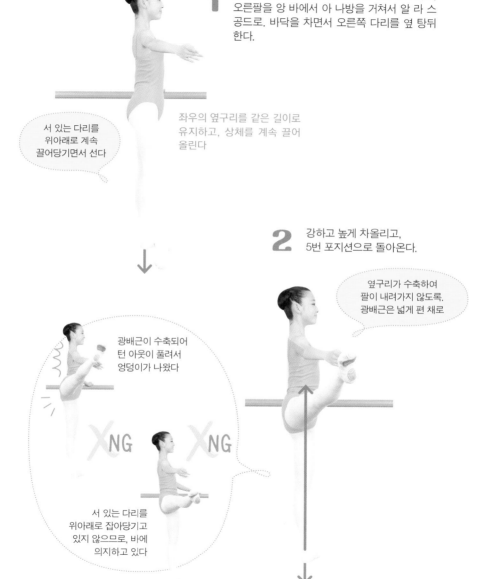

1 한 손 바에서 오른발 앞 5번 포지션으로 서고, 오른팔을 앙 바에서 아 나방을 거쳐서 알 라 스공드로. 바닥을 차면서 오른쪽 다리를 옆 탕뒤 한다.

서 있는 다리를 위아래로 계속 끌어당기면서 선다

좌우의 옆구리를 같은 길이로 유지하고, 상체를 계속 끌어 올린다

2 강하고 높게 차올리고, 5번 포지션으로 돌아온다.

옆구리가 수축하여 팔이 내려가지 않도록. 광배근은 넓게 편 채로

광배근이 수축되어 턴 아웃이 풀려서 엉덩이가 나왔다

X NG   X NG

서 있는 다리를 위아래로 잡아당기고 있지 않으므로, 바에 의지하고 있다

1 한 손 바에서 왼발 앞 5번 포지션으로 서고, 오른팔은 앙 바에서
아 나방을 거쳐서 알 라 스공드로.

척추의 만곡을
약간 늘려서
상체를 끌어올린다

서 있는 다리를 위아래로
계속 잡아당기면서 선다

2 바닥을 문지르면서
오른쪽 다리를 뒤 탕뒤한다.

상체를 약간
앞으로 기울인다

3 강하고 높게 차올리고, 5번 포지션으로 돌아온다.

척추는 길게 늘린 채로!
다리를 너무
들어 올리려고 하여
척추가 굽어서 광배근이
수축되어버리지 않도록

왼손을
약간 앞으로 옮겨서
바를 다시 잡는다

다리를 높이 들어올려도
서 있는 다리(나무 둥치)는
위쪽을 향해 계속 늘어난다!

X NG

X NG

척추를 굽혀서(허리를 젖혀서)
다리를 들어 올리고 있으므로
광배근이 수축되어버렸다

서 있는 다리를 위로
잡아당기고 있지 않고,
엉덩이가 빠져서
허리가 딸려가버렸다

올바른 그랑 바트망을 위한 연습

그랑 바트망으로 **광배근**과 **다리의 근육**을 올바르게 사용하기 위한 연습에 도전합니다.

서 있는 다리를 강하게 만드는 연습 ①

한쪽 다리를 축으로 삼아 머리부터 발끝까지 곧게 뻗은 상태에서 균형을 잡아
서 있는 다리의 근육을 강화합니다.

※ 다리를 얼마나 높이 올릴 수 있는지를 연습하는 것이 아닙니다.
  올리는 다리가 아니라, 서 있는 다리에 의식을 집중하여 진행하기 바랍니다.

1 6번 포지션으로 서서, 상체를 90도
기울여서 두 손으로 의자 등받이를
잡는다.

시선은 바닥을 본다

발바닥으로
바닥을 꽉
눌러서 선다

2 왼쪽 다리를 천천히 90도까지 올린다. 그대로 5초 유지하고,
천천히 내린다. 이것을 3~5회 반복하고, 반대쪽도 똑같이 해
준다.

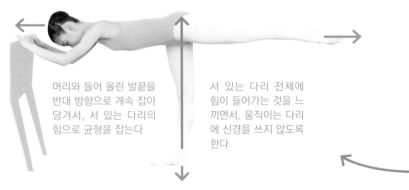

머리와 들어 올린 발끝을
반대 방향으로 계속 잡아
당겨서, 서 있는 다리의
힘으로 균형을 잡는다

서 있는 다리 전체에
힘이 들어가는 것을 느
끼면서. 움직이는 다리
에 신경을 쓰지 않도록
한다

서 있는 다리를 강하게 만드는 연습 ②

한쪽 다리를 축으로 하여 다리를 올렸다 내렸다 하는 연습으로,
서 있는 다리의 근육을 강화합니다.

머리부터 발끝까지 일직선으로 이어진 것처럼

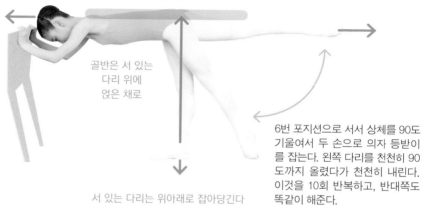

골반은 서 있는
다리 위에
얹은 채로

서 있는 다리는 위아래로 잡아당긴다

6번 포지션으로 서서 상체를 90도 기울여서 두 손으로 의자 등받이를 잡는다. 왼쪽 다리를 천천히 90도까지 올렸다가 천천히 내린다. 이것을 10회 반복하고, 반대쪽도 똑같이 해준다.

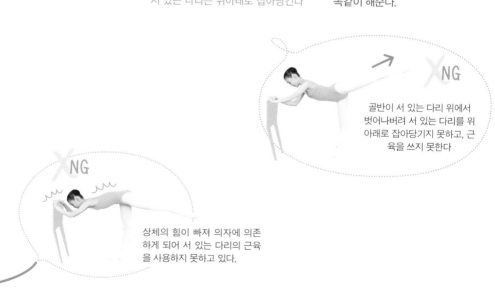

X NG

골반이 서 있는 다리 위에서 벗어나버려 서 있는 다리를 위아래로 잡아당기지 못하고, 근육을 쓰지 못한다

X NG

상체의 힘이 빠져 의자에 의존하게 되어 서 있는 다리의 근육을 사용하지 못하고 있다.

등을 넓게 펴는 연습

상체를 유지한 채, 다리를 앞뒤로 움직입니다.
움직이는 다리에 끌려가지 않고 상체를 유지함으로써, 광배근을 강화할 수 있습니다.

※ 골반 측면이 바닥에 닿아서 아픈 사람은 골반 밑에 타월을 깔고 실시한다.

1 오른쪽 옆구리를 아래로 하여 옆으로 눕고, 다리는 6번 포지션으로 포인으로 늘린다. 오른팔을 위로 뻗고 왼쪽 손바닥을 바닥에 댄다. 왼쪽 다리를 천천히 위로 올리고, 약간 턴아웃한다.

머리와 오른쪽 다리를
서로 계속 잡아당긴다

다리를 움직여도
좌우의 허리 길이는 달라지지 않는다
골반이 움직이지 않도록

허리가 바닥에 닿지 않도록.
척추를 똑바로 유지

비스듬히 위에서 보면……

척추는 똑바로 유지된 채

비스듬히 위에서 보면……

상체가 앞으로 쓰러지지 않도록

2 왼쪽 다리를 천천히 앞으로
내밀었다가 돌아온다.

상체는 움직이지 않는다.
고관절부터 다리를 움직이고 있는 것을 느끼면서

비스듬히 위에서 보면……

허리가 젖혀지지 않도록, 광배근을
넓게 유지하면서 다리를 움직인다

3 왼쪽 다리를 천천히 뒤로 내밀었다가
돌아온다. **2~3**을 3~5회 반복한다.
반대쪽도 똑같이 해준다.

Q&A 발레와 몸에 대해 조금 더 알고 싶어요

레슨 시간에 몸의 구조를 잘 몰라서, 동작이 잘 되지 않아서 답답했던 것들이 있지요? 발레 해부학 전문가인 사토 아이 선생님이 여러분의 궁금증에 답해드립니다!

Q 발레를 시작하려고 합니다. 프로가 되고 싶은데, 12살부터 시작하는 것은 너무 늦은가요?

A 지금부터 발레를 시작하신다면, **우선 지금은 '프로가 될 수 있을까'가 아니라 '발레를 좋아하는' 마음에 초점을 맞춰보면 어떨까요?** 왜냐하면, 발레리나를 동경해서 발레를 시작했지만 레슨이 재미없다고 생각할 가능성이 충분히 있기 때문입니다! 다만, 정말 발레를 좋아한다면 나이는 상관없다고 생각합니다. 프로로 활발하게 활동하고 있는(또는 활약했던) 무용수들 중에는 발레를 늦게 시작한 분들도 많이 있습니다. 궁금한 점이나 불안한 점에 대해 스스로 검색하고 정보를 찾아보는 것도 중요하겠지요.

Q 같은 교실에 이중관절인 아이가 있어요. 저도 노력하면 똑같이 몸이 부드러워질 수 있나요?

A 애초에 '이중관절'이라는 관절은 존재하지 않으며, 그 단어 자체도 해부학 용어나 의학 용어가 아닙니다. 그렇다면 무엇을 의미하는가 하면, '관절과다가동성증후군(관절이 과도하게 움직이는 증상)'을 말하는 것입니다. **이 증후군은 유전과 관련이 있다고 알려져 있지만, 아직 명확한 원인은 밝혀지지 않았습니다.** 게다가 만성적인 통증이나 관절의 변형 등이 나타나는 경우

도 있어 좋은 점만 있는 것은 아닙니다. 만약 프로 무용수를 목표로 하고 있다면, 친구와 몸의 유연성을 비교하기보다 어제의 나와 오늘의 나를 비교하는 것이 훨씬 더 발전할 수 있을 것입니다. 우선은 나의 몸에 눈을 돌려, 스트레칭과 레슨에 집중해보면 어떨까요.

Q **처음부터 다리를 높이 올릴 수 있는 사람과 그렇지 못한 사람이 있는 이유는 무엇인가요?**

A 운동이든, 공부든, 그림이든, 쉽게 잘하는 있는 사람이 있습니다. 사실 그런 사람들은 **그것을 시작하기 전에 그것과 관련된 '다른 훈련'을 했던 과거가 있는 경우가 대부분**입니다. '다른 훈련'으로 이미 몸이 강화되어 있거나, 공부하는 습관이 몸에 배어 있거나, 그림을 좋아해서 계속 그림을 그렸거나 등등. 참고로 100년에 한 명 나오는 발레리나로 칭송받는 실비 길렘Sylvie Guillem도 원래는 올림픽을 목표로 하는 체조 선수였다고 하지요. 분명 파리오페라발레학교에 들어가기 전부터 다리를 높이 들어 올릴 수 있었을 것입니다. 마찬가지로 **지금의 당신은 과거에 당신이 해온 일들이 쌓여 만들어진 것입니다.** 발레에 지름길은 없으니, 목표가 있다면 그것을 향해 노력과 경험을 차근차근 쌓아나가야 합니다.

발끝부터 머리끝까지 일직선이 되게!
허리가 젖혀지지 않도록

연습 워크 시트

연습 방법을 더 많이 활용하기 위해 lesson1~12를 돌아보면서 써봅니다.

step 1 　잘 못하는 부분을 목록으로 적어보자!

이 책에서 소개한 운동 중 특히 어려웠던 운동이나 하지 못했던 운동을 적어봅시다.
잘 못하는 동작이나 내 몸의 약한 부분이 한눈에 보일 것입니다.
(예: 45쪽 다리 근육을 강화하는 운동)

☑ ....　　☑ ....

☑ ....　　☑ ....

☑ ....　　☑ ....

step 2 　연습 내용을 일러스트로 그려보자

step 1에서 목록에 적은 운동 중 특히 잘 못하는 것을 간단한 그림으로 그려봅시다.
어떤 부분을 주의해야 하는지, 어떤 동작이 어려웠는지도 함께 적어봅니다.
생각하면서 쓰다 보면 동작의 의미와 포인트가 머리에 쏙쏙 들어옵니다.
운동을 더 효과적이고 정확하게 할 수 있습니다.
다 그리지 못한 동작은 자신의 발레 노트에 그려보세요!

step 2

step 3　매일매일 연습해보기!

step 1, step 2에 정리한 운동을 오랫동안 계속 연습하세요.
하루에 한 번, 또는 하루에 한 가지씩만 연습해도 됩니다!
연습은 하루에 몰아서 많이 하거나,
한 번 해보고 효과가 없다고 그만두는 것은 의미가 없습니다.
연습을 쉬는 날도 정해두고, 규칙적으로 오래 지속하는 것이 가장 중요합니다.
쉽게 할 수 있게 되면 횟수를 늘리고, 힘들면 횟수를 줄여주세요!

START!
월　일　1　　　쉼　5　　　쉼　　10

20　쉼　　15　쉼

쉼　　25　　쉼　　30

GOAL!
월　일

Special Lesson

포인트 슈즈를 신고 바르게 서기

포인트 슈즈로 우아하게 발레를 하기 위한 첫걸음은 바르게 서는 것!
포인트 슈즈로 섰을 때 몸의 구조부터 핵심이 되는 근육 연습까지 철저하게 해설합니다 ★

먼저, 포인트 슈즈에 관한 Q&A!

포인트 슈즈는 몇 살부터 신으면 좋을까요?

사람의 발은 약 26개의 작은 뼈들이 모여서 만들어져 있는데, 발끝으로 온몸을 지탱하는 포인트 슈즈를 신으려면 그 뼈들이 굳어 있어야 합니다. 일반적으로 **12세 정도가 되면 뼈는 어느 정도 굳어지기 때문에, 그 이후부터 포인트 슈즈를 신는 것이 가장 좋습니다**. 프로를 양성하는 해외 발레학교에서도 11, 12세부터 시작하는 곳이 많으며, 평소 기초 레슨과는 별도로 포인트 슈즈 클래스로 연습을 진행합니다. 빨리 신기 시작했다고 해서 빨리 실력이 향상되는 것은 아니며, 오히려 뼈가 아직 굳지 않은 상태에서 신기 시작하면 뼈가 변형되거나 발의 성장을 멈추게 할 수 있으므로 주의해야 합니다.

포인트 슈즈를 신고 설 수 있게 되기까지
시간은 얼마나 걸리나요?

원래 사람의 발은 발바닥을 바닥에 붙인 상태로 서도록 만들어져 있으며, 발끝으로 서도록 설계되어 있지 않습니다. 포인트 슈즈로 설 때처럼 발끝으로 체중을 지탱하기 위해서는 **발끝으로 서기 위한 포인트 슈즈 특유의 포인트를 익히고, 여러 번 연습을 거듭해야 합니다.** 자칫 포인트 슈즈의 딱딱함에 기대어 서려고 하기 쉬운데, 그러면 제대로 서지 못하고 부상을 당할 수 있습니다. 매일의 레슨으로 훈련을 하고, 시간을 들여 포인트 슈즈로 서는 기술을 익히기 바랍니다.

포인트 슈즈로 섰을 때 '뼈'나 '근육'은 어떻게 될까?

핵심은 종아리 근육과 발바닥의 고유근, 그리고 다리의 뼈입니다.

이 세 가지에 초점을 맞춰서 바르게 서기 위한 '뼈'와 '근육'의 구조를 체크해봅니다.

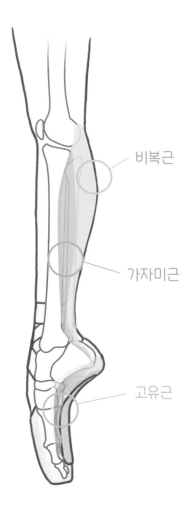

비복근

가자미근

고유근

타깃 I ★

발목을 늘리는 종아리 근육

종아리 근육(비복근과 가자미근)은 정강이뼈와 발뒤꿈치의 뼈를 이어주고 있으며, 발목을 늘리는 역할을 맡고 있습니다. 그래서 이 근육이 확실하게 사용되지 않으면 포인으로 끝까지 밀어서 서지 못하거나, 발목 주변의 부상 원인이 되기도 합니다. 발등을 앞으로 밀어내서 포인으로 '올라타는' 것이 아니라, 이 종아리 근육을 머릿속에서 이미지를 그리면서 발뒤꿈치를 위로 끌어올려서 서봅니다.

발등을 늘리는 발바닥의 고유근

포인으로 설 때, 포인트 슈즈에 의지해 발가락을 구부리고 서 있지는 않나요? 발가락은 펴고, 발바닥의 고유근을 수축하여 발등을 펴고 서서 〈A 엄지발가락 중족골두~B 새끼발가락 중족골두~C 발뒤꿈치〉의 세 아치점을 연결하여 발바닥의 고유근을 수축하여 서야 합니다. 고유근을 단단히 수축시켜 사용하기 위해서는 아 테르로 ABC의 세 아치점에 균등하게 얹은 체중을 약간씩 AB를 연결한 선(발가락 중족골두) 쪽으로 이동시켜 드미를 지나 포인으로 설 때 엄지발가락, 새끼발가락, 세 번째 발가락의 발가락 끝까지 모든 무게중심을 이동시키도록 의식하는 것이 포인트입니다. 또한 발가락이 구부러져 있으면 고유근을 제대로 사용할 수 없습니다. 어떤 순간에도 발가락이 구부러지지 않도록, 발가락으로 바닥을 꾹 눌러서 아래를 향해 탕 뒤를 하는 이미지를 그리면서 포인으로 서봅니다.

NG

발가락이 구부러져서, 고유근을 사용하지 못한다. 발가락의 관절에 체중이 실려 있다

OK

발가락은 늘린 채로, 고유근을 수축시켜 발등을 늘려서 서 있다

발바닥에서 본 그림

아 테르에서 포인으로 서 있을 때, 화살표처럼 체중을 이동시켜 나간다

※고유근은 발등뿐만 아니라 발 안쪽까지 퍼져 있다

똑바로 서기 위한 다리의 뼈

OK

발가락뼈~정강이뼈~무릎뼈가 일직선을 이루고 있다

NG

발 앞쪽으로 중심을 너무 밀어서 무릎이 과신전되어 뼈가 일직선을 이루고 있지 않다

NG

발끝에 체중을 너무 싣지 않아서, 정강이뼈가 발끝보다 뒤쪽으로 와버렸다

똑바로 서려면, 다리의 뼈부터 '똑바로'를 의식하는 것이 중요합니다. 발가락뼈~정강이뼈~무릎뼈가 옆에서도 앞에서도 일직선이 되도록 아래에서 위로 쌓아올리는 이미지로 똑바로 서봅니다.

포인트 슈즈로 '서기'

핵심이 되는 **종아리 근육**과 **발바닥의 고유근**, **다리의 뼈**를 의식하면서 포인으로 서봅니다. 플리에의 힘을 사용하지 않고 다리를 뻗은 채로 서보면, 발가락, 발바닥, 발목, 무릎 등, 몸의 소소한 부분이 어떻게 움직이고 있는지 느끼기 쉽습니다.

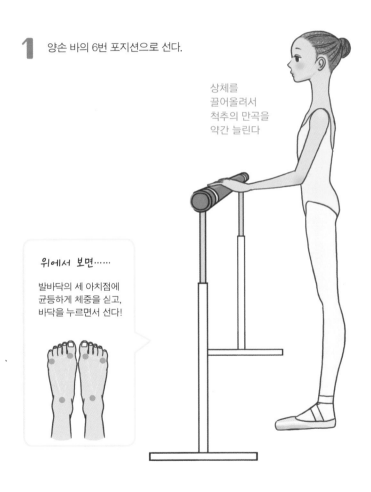

1 양손 바의 6번 포지션으로 선다.

상체를
끌어올려서
척추의 만곡을
약간 늘린다

위에서 보면……

발바닥의 세 아치점에
균등하게 체중을 싣고,
바닥을 누르면서 선다!

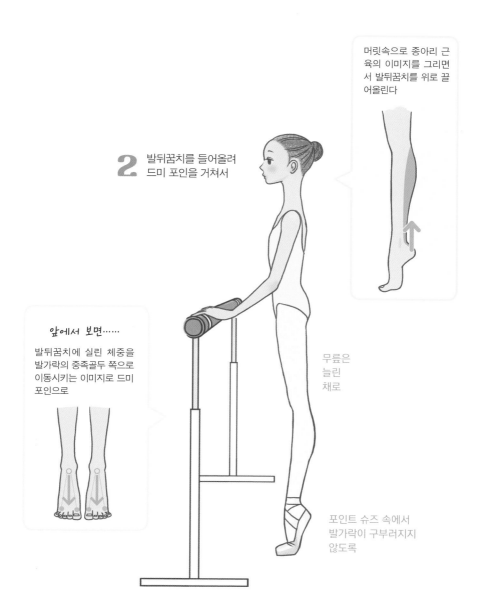

머릿속으로 종아리 근육의 이미지를 그리면서 발뒤꿈치를 위로 끌어올린다

2 발뒤꿈치를 들어올려 드미 포인을 거쳐서

앞에서 보면……

발뒤꿈치에 실린 체중을 발가락의 중족골두 쪽으로 이동시키는 이미지로 드미 포인으로

무릎은 늘린 채로

포인트 슈즈 속에서 발가락이 구부러지지 않도록

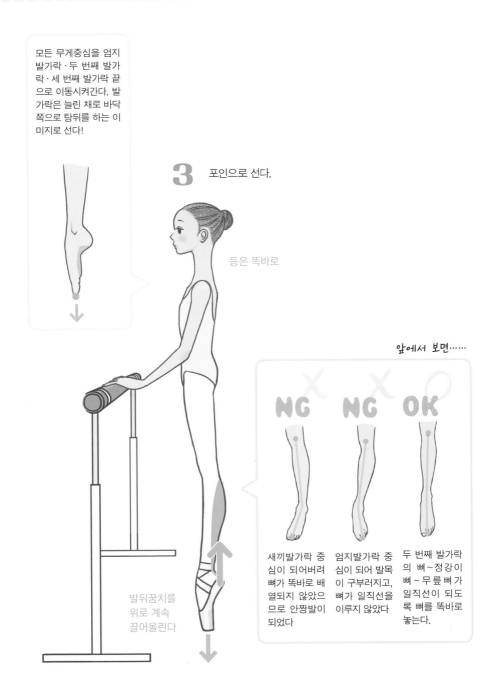

모든 무게중심을 엄지 발가락 · 두 번째 발가락 · 세 번째 발가락 끝으로 이동시켜간다. 발가락은 늘린 채로 바닥 쪽으로 탕뒤를 하는 이미지로 선다!

3 포인으로 선다.

등은 똑바로

발뒤꿈치를 위로 계속 끌어올린다

앞에서 보면……

NG   NG   OK

새끼발가락 중심이 되어버려 뼈가 똑바로 배열되지 않았으므로 안짱발이 되었다

엄지발가락 중심이 되어 발목이 구부러지고, 뼈가 일직선을 이루지 않았다

두 번째 발가락의 뼈~정강이 뼈~무릎 뼈가 일직선이 되도록 뼈를 똑바로 놓는다.

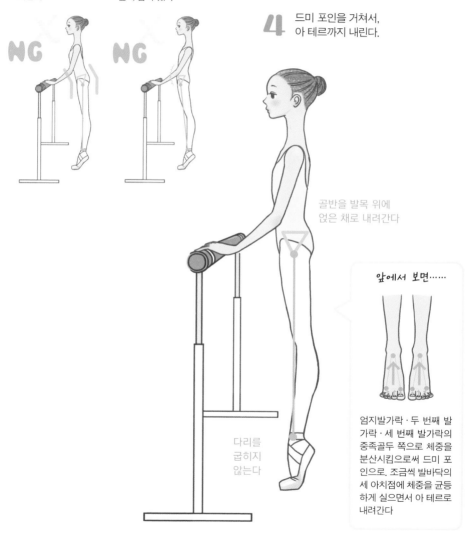

엉덩이를 빼고 내려
가고 있으므로, 골
반이 발목 뒤에 위
치한다

발뒤꿈치와 함께 골반을
내리고 있지 않아 배가
나오고 골반이 발목보다
앞에 남아 있다

NG

NG

4 드미 포인을 거쳐서,
아 테르까지 내린다.

골반을 발목 위에
얹은 채로 내려간다

다리를
굽히지
않는다

앞에서 보면……

엄지발가락 · 두 번째 발
가락 · 세 번째 발가락의
중족골두 쪽으로 체중을
분산시킴으로써 드미 포
인으로. 조금씩 발바닥의
세 아치점에 체중을 균등
하게 실으면서 아 테르로
내려간다

포인으로 올바르게
'서기' 위한 연습

핵심이 되는 뼈와 근육을 올바르게 사용하기 위한 연습에 도전해봅니다.

발가락을 편 채로 고유근을 수축시키는 운동

발바닥에 양말을 받치고 발가락으로 바닥을 누름으로써 발가락을 편 채로 고유근을 수축하는 감각을 익혀봅니다.

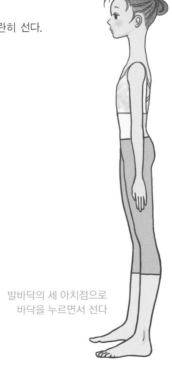

1 두 발을 허리너비로 벌리고 나란히 선다.
두 손은 옆으로.

발바닥의 세 아치점으로
바닥을 누르면서 선다

2 오른발 밑에 양말을
작게 접어서 받친다.

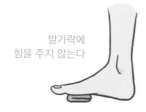

발가락에
힘을 주지 않는다

위에서 보면……

양말은 발가락의 중족
골두 밑에 받친다. 발
바닥의 세 아치점으로
바닥을 계속 누르고,
두 번째 발가락뼈와
무릎뼈는 일직선!

3 발가락을 늘린 채로, 발가락 밑부분으로 바닥을 10초 동안 계속 누른다.
천천히 힘을 뺀다. 이것을 10회 반복한다. **1~3**을 반대쪽 발로도 해준다.

고유근이 수축하여,
아치가 약간 올라가는
것을 느끼면서

위에서 보면……

다리뼈는 일직선
인 채로 유지. 발
가락 밑부분으로
바닥을 꽉 누르
고 있으면 발가
락은 구부러지지
않는다

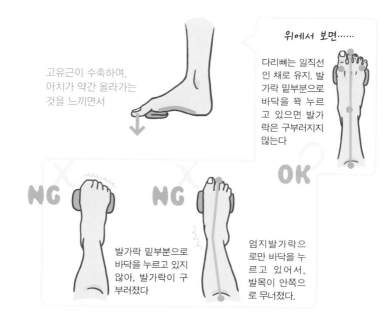

발가락 밑부분으로
바닥을 누르고 있지
않아, 발가락이 구
부러졌다

엄지발가락으
로만 바닥을 누르
고 있어서,
발목이 안쪽으
로 무너졌다.

발목을 똑바로 유지하는 연습

스트레치 밴드의 힘을 거스르며 발목을 똑바로 되돌리면서 다리 뼈를 일직선으로 유지하는 감각을 기릅니다.

1 오른쪽 다리를 펴고 왼쪽 다리를 구부려서 앉는다. 스트레치 밴드를 고리로 만들어 왼발에 걸고, 오른손으로 밴드를 잡는다.

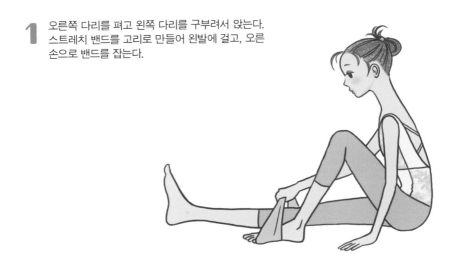

2 오른손으로 밴드를 오른쪽으로 당긴다.

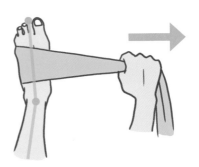

3 밴드를 거스르듯 발목을 똑바로 되돌리고, 10초 유지. 천천히 발목의 힘을 뺀다. 이것을 10회 반복한다. **1~3**을 반대쪽 발로도 해준다.

두 번째
발가락뼈와
정강이뼈가
일직선이 되도록

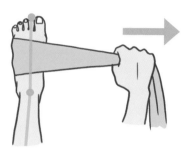

정강이에 무리한 힘이
들어가지 않게

옆에서 보면……

발가락이나 아치에 쓸데없는 힘이 들어
가지 않아 발목의 '힘줄'이 나오지 않았다

발목을 너무 당겨서
안짱이 되어버렸다.

정강이 근육에 힘이 들어가 발목의 '힘줄'
이 나왔다.

※ 발목의 '힘줄'에 대해서는 P. 47을 체크!

종아리 근육을 강화하는 연습

를르베의 높이를 유지한 채로 무게중심을 이동하고, 포인트 슈즈로 서기 위해 필요한 종아리 근육을 강화시켜줍니다. 낮은 를르베로 하면 무게중심이 변하기 때문에 일반 를르베보다 종아리에 걸리는 부하가 커지며, 무릎 아래의 움직임을 조절하는 힘도 키울 수 있습니다.

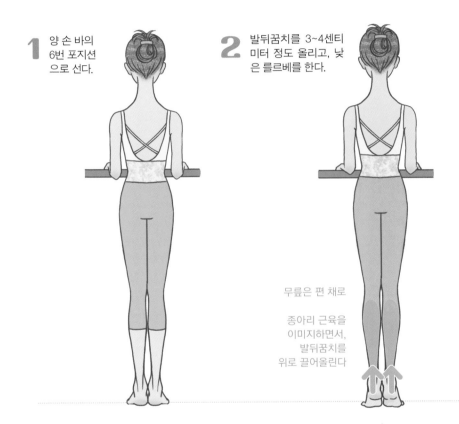

1 양 손 바의 6번 포지션으로 선다.

2 발뒤꿈치를 3~4센티미터 정도 올리고, 낮은 를르베를 한다.

무릎은 편 채로

종아리 근육을 이미지하면서, 발뒤꿈치를 위로 끌어올린다

OK 발가락 밑부분으로 바닥을 누른다! 발가락은 쭉 뻗은 채로

NG 발가락 밑부분으로 바닥을 누르고 있지 않고 발가락이 구부러졌다

3

오른발로 무게중심을 이동시키면서 왼발을
바닥에서 떼어내고 그대로 5초 유지. **2**로
돌아와서 이번에는 오른발을 바닥에서 띄
워서 5초 유지.

4

천천히 **2**로 돌아가서 아 테르로. **1~4**를
5~6센티미터 정도 높이의 를르베로도 실
시한다.

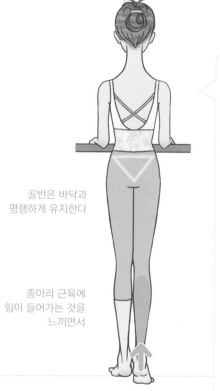

골반은 바닥과
평행하게 유지한다

종아리 근육에
힘이 들어가는 것을
느끼면서

한쪽 다리를 들었을 때 서 있는 다리 발뒤꿈치가
떨어지지 않도록. **2**의 를르베 높이를 유지!

NG

골반이 오른쪽으로 기울어
져서 움직이는 다리가 서 있
는 다리와 떨어져버렸다

NG

종아리 근육이 풀려서 서 있는
다리의 뒤꿈치가 내려와버렸다

※ 한쪽 다리를 들어 올릴 때 서 있는 다리 뒤꿈치가 자꾸 떨어지는 사람은, **2**의 상태를
10초간 유지한 다음, 아 테르로 돌아오는 동작만 해주어도 된다!

발 근육을 풀어주는 마사지

발 안쪽에 있는 고유근은 굳어지기 쉬울 뿐 아니라 운동이나 스트레칭으로 풀기 어려운 부위입니다. 손의 관절을 이용해 마사지하여 혈액순환을 촉진시켜 뭉친 근육을 풀어줍니다.

1 오른쪽 다리를 세우고,
왼쪽 다리는 구부려서 편하게 앉는다.

2 오른손으로 주먹을 쥐고
오른발등에 댄다.

3 손의 관절을 발가락 뼈와 뼈 사이에 끼우듯이 하여 위아래로 꾹꾹 눌러준다.
1분 정도 실시한다.

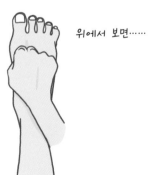

위에서 보면……

발가락이
시작되는 곳과
발등을
오르내리듯이
움직인다

4 오른쪽 다리를 쓰러뜨려
두 발바닥을 맞대고 앉는다.

5 오른손 주먹을 오른발의 아치 근처에 대고, 위아래로 빙글빙글 움직인다.
1분 정도 실시한다. **1~5**를 반대쪽 발도 해준다.

아치에서 발 뒤꿈치까지
손으로 움직인다

지금까지 뼈와 근육의 역할, 올바른 몸의 사용법을 익히기 위한 연습을 소개했습니다. 어떠셨나요?

발레를 할 때 중요한 것은 몸의 구조를 제대로 이해하고, 올바르게 사용하는 것입니다. 그것이 부상 예방으로도 이어지기 때문입니다. 비록 발레를 그만두고 새로운 길을 걷고 있지만 저의 몸은 평생의 파트너입니다. 이 지식과 경험이 인생에서 쓸모없어지는 일은 없을 것입니다.

이 책을 통해 발레와 해부학, 그리고 연습이 별개의 것이 아니라 각각 서로 밀접하게 연관되어 '발레하는 몸'을 만드는 재료라고 생각해 주시면 감사하겠습니다.

너무나 사랑하는 발레를 여러분이 원하시는 만큼 오래오래 하시기를 응원할게요!

사토 아이

이 책에 나오는 발레용어 원어 표기

ㄱ

그랑 바트망 grand battement
그랑 주테 grand jeté
그랑 푸에테 grand fouetté

ㄷ

데블로페 développé
드미 포인 demi pointe

ㄹ

롱 드 장브 아 테르
   rond de jambe à terre
롱 드 장브 앙 레르
   rond de jambe en l'air
르티레 retiré
를르베 relevé
림버링 limbering

ㅂ

바트망 바튀
   battements battu

ㅅ

쉬르 르 쿠드피에
   sur le cou-de-pied

ㅇ

아 나방 en avant
아티튀드 attitude
알 라 스공드 à la seconde
알레그로 allégro
앙 드당 en dedans
앙 드오르 en dehors
앙 바 en bas
앙셰망 enchaînement
앙 오 en haut

에파세 effacé

ㅈ
주테 jeté

ㅋ
쿠드피에 cou-de-pied

ㅌ
탕뒤 tendu
턴 아웃 turn out
턴 인 turn in

ㅍ
파 pas
파세 passé
포르 드 브라 port de bras
포인 pointes
포인트 슈즈 point shoes

퐁뒤 fondu
푸에테 fouettté
프라페 battement frappé
프티 바트망 petit battement
플렉스 flex
플리에 plié
피루에트 pirouette

스페셜 부록

스마트폰으로 QR코드를 스캔하여 운동 영상을 확인하세요!
lesson1~12까지, ▨ 마크가 붙은 총 33개의 연습에서
예시 동영상을 볼 수 있습니다.
아래의 ID와 비밀번호를 입력하여 페이지에 접속하세요.

ID : kaibougakulesson
PASS : clarabook220801

※ 이 영상은 한국에서도 시청이 가능하나, 언어가 일본어로 되어 있으므로 사이트 상에서 〈한국어로 번역〉을 선택해야 합니다.
※ 사이트 상단의 타이틀 로고는 이미지 형식으로 되어 있어 한국어 번역이 불가능합니다.
※ 이 서비스는 예고 없이 내용이 변경되거나 종료될 수 있습니다.
※ QR 코드는 주식회사 덴소웨이브의 등록 상표입니다.
※ 이 책의 QR 코드의 전재, 재판매 및 양도, 동영상의 네트워크 업로드, 복제 및 복사물의 공개는 금지되어 있습니다.
※ 동영상을 시청할 수 없다는 이유로 책을 반품할 수 없습니다.

사진 : 마사카와 신지
모델 : 바운드 프로모션
일러스트 : 무사시노 루네
오리지널 디자인 : SDR(신쇼칸 디자인실)

발레의
해부학

엮은이_ 클라라

오리지널 감수_ 사토 아이

옮긴이_ 위정훈

감수자_ 한지영

펴낸이_ 양명기

펴낸곳_ 도서출판 북피움

초판 1쇄 발행_ 2025년 1월 22일

등록_ 2020년 12월 21일 (제2020-000251호)

주소_ 경기도 고양시 덕양구 충장로 118-30 (219동 1405호)

전화_ 02-722-8667

팩스_ 0504-209-7168

이메일_ bookpium@daum.net

ISBN   979-11-987629-4-8 (03680)

- 잘못 만들어진 책은 바꾸어 드립니다.
- 값은 뒤표지에 있습니다.